PUBLICATION DE LA SOCIÉTÉ DE SAINT-VICTOR

HISTOIRE

DE

SAINTE ODILE

APPROBATION

Nous, Marie Joseph-François-Victor MONYER DE PRILLY, par la miséricorde divine et la grâce du Saint-Siége apostolique, évêque de Châlons,

La Société de Saint-Victor ayant soumis à notre approbation un ouvrage de M. le vicomte Marie-Théodore de Bussierre, intitulé : *Histoire de Sainte Odile*, nous avons fait examiner ce livre; et, d'après le rapport qui nous en a été fait, nous pensons que la lecture en sera utile et agréable.

Donné à Châlons, sous notre seing, le sceau de nos armes et le contre-seing du secrétaire-général de notre évêché, le 14 septembre 1849.

† M.-J.-F.-V., ÉVÊQUE DE CHALONS.

Par Monseigneur,

DARAS, chanoine, secr.-gén.

Sainte Odile

HISTOIRE
DE
SAINTE ODILE

PATRONNE DE L'ALSACE

PAR M. LE VICOMTE MARIE-THÉODORE DE BUSSIERRE

SECONDE ÉDITION

PLANCY	PARIS
SOCIÉTÉ DE SAINT-VICTOR pour la propagation des bons livres.	SAGNIER et BRAY, Libraires, rue des Saints-Pères, N° 64.
ARRAS	**AMIENS**
Rue Ernestale, N° 289.	Rue de Noyon, N°. 47.

1853

PROPRIÉTÉ

Plancy, Typ de la Société de Saint Victor. —. J Collin, imp.

ALBUM

Naissance de sainte Odile

Sainte Odile chez la nourrice

Sainte Odile au couvent de Baume

Les quatre frères d'Odile vont à sa recherche

Le duc Adalric donne à Odile son château de Hohenbourg
D'après une ancienne miniature

Sainte Roswinde

Sainte Gundelinde

Chapelle de la Croix, bâtie par sainte Odile

Pèlerins de Nieder-Munster

Pèlerins du Mont Sainte-Odile

Chapelle de Sainte-Odile

HISTOIRE DE SAINTE ODILE

HISTOIRE
DE
SAINTE ODILE

CHAPITRE PREMIER

> Une ville située sur une montagne ne peut être cachée.
> (*Saint Matthieu*, v, 14.)
>
> Allez par tout le monde, prêchez l'Évangile à toute créature.
> (*Saint Marc*, xvi, 15).

A six lieues au midi de Strasbourg s'élève une haute montagne, de forme pyramidale, qui domine la chaîne des Vosges et dont le sommet porte un ancien couvent et quelques vieilles églises et chapelles. Une quantité de riants villages et plusieurs petites villes peuplent les fertiles campagnes qui tapissent sa large base; de belles forêts couvrent ses flancs; au milieu des arbres on voit paraître les murs ruinés d'anciens monastères, les tours crénelées et pittoresques de divers castels bâtis au moyen-âge, enfin les énormes débris du mur des païens, antique construction à laquelle de grandes masses de rochers servent de piédestal.

La montagne dont nous parlons, appelée dans les temps anciens Altitona ou Hohenbourg, a été autrefois le principal boulevard de l'Alsace; — au septième siècle elle prit le nom de mont de Sainte-Odile et devint un lieu de pèlerinage célèbre et très fréquenté.

Un chemin assez facile, bien ombragé, conduit au haut du mont de Sainte-Odile. Arrivé à sa dernière sommité, l'on découvre une vue aussi remarquable par son étendue que par sa richesse et sa variété. L'Alsace entière et une grande partie du grand-duché de Bade se déroulent aux pieds du spectateur, bornées d'un côté par la chaîne anguleuse de la Forêt-Noire, dont les contours azurés se dessinent sur le ciel, de l'autre par les montagnes Vosgiennes, aux formes plus suaves et plus arrondies. De riches bois de sapins couvrent les Vosges, et de tous côtés, sur leurs crêtes les plus élevées, apparaissent les ruines des divers châteaux féodaux, qui, il y a quelques cents ans, ont joué leur rôle dans l'histoire de la province. Le Rhin tient le milieu de la magnifique vallée qu'il arrose; des forêts, des vignobles, des prairies et des champs admirablement cultivés s'étendent sur ses deux rivages; un large sillon éblouissant de blancheur marque à l'œil le cours sinueux du fleuve; ses eaux, tantôt réunies, tantôt divisées en plusieurs bras, forment une quantité d'îles verdoyantes.

Une foule presque innombrable de lieux habités est répandue dans la campagne, avec une profusion propre à faire apprécier la richesse et la fertilité de la contrée; des vergers entourent les villages; leurs rustiques églises, couvertes en tuiles, aux tranchantes couleurs, s'élèvent au-dessus de ces riants bosquets; des clochers plus imposants désignent les villes, et la magnifique flèche de Strasbourg, enveloppée d'une vapeur diaphane, indique la vieille capitale de la province. La plaine entière est sillonnée en tous sens de belles routes, plantées aux deux côtés de noyers séculaires et qui semblent ainsi la couvrir d'un immense réseau de verdure. Vers le nord, la vallée du Rhin se perd dans un lointain vaporeux; du côté du midi, la chaîne des Vosges se lie à celle du Jura, et, par un temps parfaitement serein, on aperçoit à l'heure du coucher du soleil les glaciers de la Suisse, qui, semblables à de légers nuages aux tons dorés, se présentent à l'horizon.

Cette vue est toujours magnifique; mais il faut l'avoir contemplée pendant la matinée d'un dimanche de printemps pour en connaître toute la beauté. Une verdure jeune et fraîche couvre alors la terre, et la floraison des arbres fruitiers revêt l'Alsace entière d'une parure de fête. Le son éloigné des cloches qui tintent de tous côtés pour appeler les habitants de la campagne à la prière, et les divers bruits de la plaine apportés par la brise se mêlent aux voix mystérieuses de la nature, pénètrent l'âme d'un sentiment doux et profond, et la remplissent d'un calme ineffable.

Tel est l'aspect des lieux où se sont passés la plupart des faits que je veux raconter. Mais avant de parler du développement de l'ordre monastique en Alsace, du couvent de Hohenbourg et de son illustre fondatrice, je crois devoir faire connaître, en peu de mots, à mes lecteurs, les détails qui nous ont été conservés touchant l'introduction du Christianisme dans la province dont nous parlons.

Nous avons peu de données positives sur les faits, les combats et les conquêtes de ceux qui y ont prêché les premiers l'Evangile; et ce que l'on raconte en particulier des fondateurs des églises alsaciennes est très incertain : d'obscures traditions attribuent l'origine de ces églises aux disciples immédiats des apôtres.[1]

La plupart des historiens admettent que c'est vers la fin du troisième siècle seulement, ou même au commencement du quatrième, qu'on doit placer la mission de saint Materne et de ses compagnons Euchaire et Valère, chez les Triboques et les Némètes, et celle de saint Clément chez les Médiomatriciens[2]. Ils ont été les véritables apôtres de la vallée du Rhin ; et, d'après les mêmes auteurs, ils sont nommés disciples de saint Pierre, dans les anciennes légendes, sim-

---

[1] Historia Treviriensis apud d'Achery Spicileg, t. II, p. 208 et 209 ; 2° édit.

[2] V. Bénédictins. Histoire générale de Metz, t. I, liv. I, p. 197 et suiv.
Laguille, dans son Histoire d'Alsace, émet une opinion contraire, et regarde en effet saint Materne et ses compagnons comme propres disciples de saint Pierre. Il en trouve la preuve dans le passage où saint Irénée, *qui vivait au second siècle*, parle des églises de la Germanie. « Quanquam enim dispares inter se mundi linguæ sunt, una tamen et
» eadem est traditionis vis. Neque hæ quæ *in Germaniis* sitæ sunt ec-
» clesiæ, aliter credunt, aut aliter tradunt, neque hæ quæ in Hispaniis aut
» Galliis, etc. »
Irenæus, liv. 1. Contra hæres., c. 10, edit. Paris., ann. 1710.

plement afin de caractériser leur mission par les successeurs de cet apôtre et la conformité de leur doctrine avec celle du chef de l'Église. Quoi qu'il en soit, il n'est point douteux que saint Materne n'ait fondé les premières églises chrétiennes d'Alsace, sur les ruines d'anciens temples païens, dans la forêt de Novient et dans les villes d'Helvet et d'Argentorat[1].

Le Christianisme se répandit insensiblement dans les provinces de la première et de la seconde Germanie, à partir de la prédication de saint Materne [2]; et, peu d'années après la conversion de Constantin, le Saint-Siége envoya Amand et Jessé dans les pays que le saint avait évangélisés. Ils furent les premiers évêques, Amand d'Ar-

[1] Laguille. Histoire d'Alsace, t. I, liv. IV, p. 45 et et seq.

[2] Le nom de saint Materne attirait encore au XIVe siècle un grand concours de pèlerins au village d'Ell, l'ancienne Helvet. Frédéric, évêque de Strasbourg, écrivait à ce sujet en 1370 : « In quo quidem loco » Ellei multi christiani de diversis regionibus ad beatissimum patrem » nostrum S. Maternum per totum anni circulum confluunt. » Des religieux de l'ordre de Saint-François s'y établirent en 1630 pour ranimer le culte de l'apôtre de l'Alsace, et placèrent un autel sur son tombeau.

gentoratum (Strasbourg), Jessé d'Augusta Nemetum (Spire), à laquelle l'auteur de la chronique de cette ville [1] donne Constance-Chlore pour restaurateur ou fondateur.

Ces deux siéges étaient soumis, ainsi que celui de Worms (civitas Vangionum), à la même métropole, à Mayence, capitale de la première Germanie. L'Eglise de cette ville doit avoir été établie par saint Crescent, disciple de saint Paul [2]. Ce fut en 346[3] que se tint à Cologne un concile, composé de vingt-quatre évêques, au nombre desquels on trouve les noms de Jessé des Némètes, d'Amand d'Argentoratum [4], et de Justinien des Rauraques.

Saint Amand, premier pasteur connu de l'Église de Strasbourg, est placé à la tête d'une série d'évêques, qui par leurs vertus donnèrent l'exem-

---

[1] Lehman. Chronicon Spirinse, liv. I, chap. 25, p. 35.
[2] Serrarius, Rerum Moguntinensium, liv. II, p. 225 et seq; primæ edit.
[3] Schilter apud Kœnigshofen; 6° observ., p. 490.
[4] Saint Amand d'Argentorat est aussi au nombre des évêques qui assistèrent au concile de Sardique en 347.

ple de la véritable sainteté, et dont les noms vénérés ont droit à l'admiration et à la reconnaissance de la postérité [1].

Cependant, presque immédiatement après la mort de Constantin-le-Grand les progrès du Christianisme s'arrêtèrent en Alsace.

Les Allemands et les Francs, qui formaient en grande partie les garnisons des villes du Rhin, étaient plus attachés à leurs superstitions païennes que les Gaulois et les Romains. Le règne de Constant fut de trop peu de durée pour favoriser la propagation de la foi; son frère Constance, zélé arien, donna le signal d'une persécution plus funeste à la cause de la religion que l'idolâtrie elle même; enfin Julien, monté sur le trône, professa ouvertement le culte des anciens dieux et le releva de ses ruines. Jovien ne gouverna pas assez longtemps pour abattre de nouveau le pa-

[1] Grandidier, Histoire de l'Église de Strasbourg, liv. I, p. 135 et seq.
Les premiers successeurs de saint Amand furent saint Juste, saint Maximin, saint Valentin et saint Solaire; ce dernier vivait au commencement du ve siècle.

ganisme. Valentinien, successeur de ces princes, était attaché à la vérité au Christianisme, auquel il avait sacrifié sa fortune sous Julien; mais il laissa à chacun de ses sujets la religion qu'il professait.[1] Les guerres sanglantes dont les rivages du Rhin furent le théâtre durant les siècles qui nous occupent, les ravages des Allemands, le dégarnissement des frontières par Stilicon en 403, les diverses invasions des peuples barbares, leurs établissements successifs en Alsace, et surtout la funeste expédition d'Attila pendant laquelle la plupart des évêques furent massacrés ou emmenés captifs avec leurs ouailles, firent un tort épouvantable à la religion chrétienne dans tous les pays soumis à ces incursions. Il paraîtrait même que les siéges de Spire et d'Argentorat restèrent vacants durant le cinquième siècle et le commencement du sixième.

Cependant, au milieu même de ces désastres,

---

[1] Ammien Marcellin, liv. xxx, chap. D, p. 4 3; C. V. et p. 469 ; édit. G.

l'Alsace ne fut pas dans un abandon complet; vers l'an 428, saint Sévère [1] vint annoncer l'Évangile aux gentils répandus dans la première Germanie, c'est-à-dire aux Francs qui s'y étaient établis. A cette même époque, la Basse-Alsace, soustraite à la juridiction ecclésiastique de Mayence, passa sous celle de Metz, suivant les uns, de Trèves d'après les autres; elle ne retourna à son ancienne métropole qu'en 751.

L'Eglise de Metz, plus heureuse que celles de Spire et de Strasbourg, ne présente point d'interruption dans la série de ses premiers pasteurs, et l'on a lieu de croire que jusqu'en 510, temps vers lequel eut lieu le rétablissement du siége épiscopal d'Argentorat [2], les chrétiens épars dans la Basse-Alsace furent affermis dans la foi par des missionnaires messins. De là provient sans doute l'opinion erronée d'un grand nom-

---

[1] Évêque de Trèves, il mourut en 455. Gaule Chrétienne, t. XIII, col. 376.
[2] Grandidier. Histoire d'Alsace, t. I, liv. III, p. 282.

bre d'auteurs de mérite, tels que Wimpfling [1], Beatus Rhenanus [2], Calmet [3] et Schœpflin [4], lesquels fixent la fondation de l'évêché de Strasbourg aux temps de Dagobert Ier, et placent tout le district qui forme son diocèse sous la direction spirituelle des évêques de Metz jusqu'au septième siècle.

Besançon était la métropole de la Haute-Alsace.

Quant au siége des Rauraques, on ne connaît point les évêques qui l'ont occupé pendant les cinquième, sixième et septième siècles. L'on croit même qu'il demeura vacant jusque vers le milieu du huitième; que durant cet intervalle les pays compris dans son diocèse furent réunis à ceux de Besançon, de Strasbourg, et de Windisch (Constance) [5], et qu'enfin il fut rétabli en 740,

---

[1] De Episc. Argent, p. 7.
[2] Rer. German., lib. I, p. 15; lib. II, p. 174, et lib. III, p. 274; édit. an. 1670.
[3] Notice sur la Lorraine, t. I, p. 770.
[4] Alsat. illust., t. I, p. 47, 338 et 346.
[5] Le Cointe, Annales eccles., t. II', p. 543; t. V, p. 212; t. VI, p. 137.

temps auquel vivait Walaus [1], qualifié d'archevêque et placé à la tête des évêques de Bâle [2] dans les anciens catalogues. Il est certain au moins que la partie de la Haute-Alsace qui plus tard a été réunie au diocèse de Bâle dépendait encore de celui de Strasbourg au commencement du huitième siècle. La fondation et la confirmation par les évêques de Strasbourg de divers monastères situés dans cette partie de la province ne permettent aucun doute à ce sujet [3].

Avec la grande victoire de Clovis sur les Allemands et son baptême, commence une nouvelle époque dans les fastes du Christianisme et en même temps dans l'histoire de notre province. Argentoratum, que les barbares avaient dévastée, est relevée par ce prince et reprend bientôt de l'importance. Les rois francs y séjournent souvent et s'y font construire un palais. Clovis

[1] Ibid., t. V, p. 209, 211 et 626.
[2] Dom. Martenne in Thesauro novo Anecdoct., t. III, col. 1385.
[3] Grandidier, Histoire d'Alsace, t. I, liv. III, p. 286.

y rétablit, au commencement du sixième siècle, un siége épiscopal, et jette les premiers fondements de sa cathédrale en 510 [1].

A partir de son règne, la religion du Christ s'étendit de plus en plus dans la province, et ne tarda pas à devenir celle de tout le pays.

[1] Kœnigshofen. Chron. Lehmann. Chron. Herzog. Chron. On lit dans une ancienne chronique publiée par Schiller dans ses notes sur Kœnigshofem, p. 483 : «Clodovæus fuit primus christianus rex Francorum, quem
» S. Remigius baptizavit. Qui rex etiam ecclesiam cathedralem Argent
» næ fundavit.»

CHAPITRE II

> Évitez autant que vous le pourrez le tumulte et la conversation du monde; car cet entretien de nouvelles et d'affaires du siècle nuit beaucoup, lors même qu'on s'y porte fort simplement.
> (*Imit.*, l. I, ch. x, 1.)

Lorsque les conquérants barbares de l'empire romain, séduits par les richesses et le pouvoir du clergé, envahirent ses rangs, l'Alsace ne resta pas étrangère au développement que prirent en Occident les ordres monastiques; le septième siècle et le suivant virent s'élever un grand nombre de couvents et de pieuses retraites dans cette province. L'époque des premiers martyrs était passée; mais d'autres martyrs leur succédaient, s'imposant volontairement les plus rudes privations, se séparant du monde, renonçant aux avantages du rang et de la fortune, macérant leurs corps, dédaignant les jouissances terrestres, les sacrifiant avec joie et confiance à l'amour divin qui remplissait leurs cœurs. Ce temps est celui des merveilleuses légendes et des actes de renoncement personnel. La vie de sainte Odile présente un tableau complet de cette époque. Je chercherai à conserver dans le récit que j'en vais faire la simplicité naïve et pieuse des chroniqueurs qui racontent l'histoire de la Sainte; les détails contenus dans leurs écrits sont l'expression fidèle de l'esprit du temps, du caractère et des mœurs de l'humanité d'alors.

Erchinald, fils d'Ega et majordome du roi, était, disent nos vieux historiens, le plus puissant, le plus noble et le plus respecté des seigneurs qui vivaient aux temps de Dagobert Ier.

Leudet ou Leutrich, fils d'Erchinald, ajoutent-ils, eut de son épouse Hultrude, princesse du sang royal de Bourgogne,[1] un fils nommé Adalric[2], qui fut, à son tour, père de sainte Odile et souche des plus illustres maisons de l'Europe. Adalric épousa Berswinde, nièce, par sa mère, de saint Léger (Leodegarius), évêque d'Autun, auquel Ebroïn fit subir le martyre en 685[5]. Bilibilde, sœur, ou, d'après d'autres légendes, tante de Berswinde, monta sur le trône d'Austrasie par son mariage avec Childéric II; et le roi, uni à Adalric par les liens de l'amitié aussi bien que par ceux de la parenté, lui accorda l'investiture du duché d'Alsace à la mort du duc Boniface. Adalric établit sa résidence à Oberehnheim, ville située au pied de la montagne d'Altitona.

Peu d'hommes ont été dépeints sous des couleurs aussi diverses qu'Adalric : il est représenté par plusieurs de nos anciens écrivains comme un

---

[1] Plusieurs auteurs la croient fille du roi saint Sigismond. V. Chron. lat. de genealogia SS. Odiliæ et Attalæ virginum. Schilter apud Kœnigshofem, p. 507 et 508.

[2] Appelé aussi Etich, Atticus, Etichon ou Athelric.

[3] Schilter apud Kœnigshofen, loc. cit.

seigneur farouche, cruel et faisant tout fléchir devant son pouvoir; d'autres chroniqueurs, au contraire, proclament qu'il était aussi généreux que juste et humain.

Le jugement qu'en porte le père Hugues Peltre[1] parait être le plus exact; il est confirmé d'ailleurs par les différents traits de la vie du prince qui sont parvenus à notre connaissance; le voici :
« Adalric était un homme droit, sincère et tenace
» dans ses desseins; il se montrait véritable chré-
» tien, et malgré son rang élevé il ne cherchait
» aucun prétexte pour se dispenser des devoirs que
» lui imposait cette qualité; mais il n'avait pu
» se dépouiller entièrement des mœurs grossières
» et sauvages de son époque. »

Berswinde[2], égale à son époux par la naissance, est représentée par tous les auteurs de la vie de sainte Odile comme une des femmes les

---

[1] Vie de sainte Odile, p. 148, apud Dionys. Albrecht, Historie von Hohenburg.
[2] Ibid., p. 151.

plus accomplies de son époque : « La charité, la
» piété et la crainte de Dieu remplissaient son
» cœur,—disent-ils;—les honneurs que l'on ren-
» dait à son rang élevé n'avaient point altéré sa
» vertu; loin d'en concevoir de l'orgueil, elle était
» un modèle parfait d'humilité chrétienne; elle
» employait ses richesses en bonnes œuvres; sa
» prospérité lui inspirait des élans d'une re-
» connaissance passionnée envers Celui qui est
» l'auteur de tout bien. Chaque jour elle avait
» coutume de se retirer pendant plusieurs heu-
» res dans la partie la plus isolée du palais, pour
» s'y livrer à la prière et à la méditation. »

Cependant Adalric et Berswinde étaient tous deux animés du désir de posséder une résidence solitaire dans laquelle ils pussent passer une partie de l'année loin du tumulte de la ville et des fatigues des affaires [1]. Le duc avait ordonné à

---

[1] Ibid., p. 150, et Histoire de sainte Odile, par Gebwiller apud Dionys. Albrecht, p 129.

quelques-uns de ses plus fidèles serviteurs de parcourir les forêts des environs, afin de choisir un emplacement convenable pour la construction d'un castel et d'une église. On ne tarda point à lui annoncer que le sommet même de la montagne d'Altitona, au pied de laquelle s'élevait Oberehnheim, était couvert de débris d'édifices antiques qui pourraient être employés comme matériaux d'une construction vaste et magnifique.

Aldaric voulut aussitôt s'assurer par lui-même de la vérité de ce rapport[1], et, après avoir marché pendant une heure et demie environ, il arriva au lieu qui lui avait été indiqué.

C'était une grande esplanade, dans une situation imposante et agreste, entourée de très hautes murailles composées de pierres énormes grossièrement réunies, bâties évidemment par les plus anciens habitants de la province, et s'étendant fort loin; des sapins gigantesques et de vieux

[1] Ibid.

chênes avaient pris racine au milieu de ces antiques débris, et y croissaient avec un luxe admirable de végétation. Cependant les constructions qui couvraient l'esplanade elle-même étaient loin de ne présenter que des ruines, comme l'avaient dit les serviteurs d'Adalric : les restes de quelques bâtiments se voyaient à la vérité entassés sur le sol; mais un château et une rotonde élégante étaient encore debout, et l'art romain avait présidé à leur bâtisse [1].

Le duc, charmé de la beauté de ces lieux, ploya aussitôt les genoux et remercia Dieu à haute voix d'y avoir guidé ses pas; puis, retournant sur le champ à Oberehnheim, il envoya dès le même jour un grand nombre d'ouvriers sur la montagne de Hohenbourg pour y commencer les travaux.

Adalric renonça à son premier projet de bâtir une grande église; mais il fit réparer magnifi-

---

[1] Une antique tradition attribuait la fondation du château à l'empereur Maximin, et affirmait que la rotonde avait été consacrée autrefois au culte des divinités du paganisme.

quement la rotonde antique, qui fut alors consacrée par saint Léger, évêque d'Autun, aux saints patrons d'Alsace [1]; une chapelle nouvelle, érigée en l'honneur des apôtres saint Pierre et saint Paul, protecteurs de la ville d'Oberehnheim, fut consacrée également par le saint évêque [2]. Adalric fit en même temps remettre en bon état le mur d'enceinte et l'ancien château, de façon à pouvoir y résider habituellement avec Berswinde pendant les mois d'été [3].

[1] Cette rotonde a été détruite en 1734 par le prieur Reginald Vautrop; une auberge a été construite sur son emplacement.

[2] Gebwiller Scholast. cathedr. Arg., apud Schuttenheimer, p. 82. Baillet, a. 678. Sigibert, a. 695.
Adalric établit, pour desservir la chapelle de Saint-Pierre et Saint-Paul, un bénéfice reposant sur les terres de Richtolzheim, Bieszen et Schwabsheim (Voy Anführungen der Wahlfarter, etc. Voy. D. Albrecht, p. 34 et 35.

[3] Vie de sainte Odile, par Dionys. Albrecht. Historie von Hohenburg.

CHAPITRE III

> Est-ce à cause de ses péchés ou de ceux de son père ou de sa mère qu'il est né aveugle?
> (*S. Jean*, IX, 2.)
> Levez-vous, prenez l'enfant et fuyez... (*S. Matth.*, II, 31.)

Adalric, investi à titre de fief héréditaire du vaste duché d'Alsace, semblait être arrivé au faîte de la puissance; d'année en année, sa fortune et son pouvoir s'étaient accrus; cependant un grand bonheur lui manquait : il n'avait point d'héritier auquel il pût transmettre un jour ses grands biens, et il en éprouvait une affliction profonde.

Berswinde elle-même déplorait sa stérilité; car, malgré sa haute vertu, elle n'avait pu se détacher assez des choses de la terre pour ne point partager l'envie si générale et si naturelle, surtout aux puisssants du monde, d'avoir un enfant qui pût perpétuer le nom et la race de son époux.

Adalric et la duchesse firent à cette occasion tout ce que la dévotion et la confiance en Dieu peuvent inspirer à des âmes pieuses; ils eurent recours aux jeûnes, aux pèlerinages, et à de riches aumônes. Souvent prosternés ensemble au pied des autels, ils versaient des larmes abondantes et suppliaient le Seigneur d'exaucer le plus ardent de leurs vœux [1].

Enfin, après quelques années de mariage, les premiers symptômes d'une grossesse se manifestèrent en Berswinde. Le duc témoigna publiquement la joie que lui causait cet événement, et les habitants de l'Alsace s'associèrent à son bonheur. De toutes parts des prières s'élevaient vers le

---

[1] Vie de sainte Odile, apud Dionys. Albrecht, p. 152.

Ciel pour l'enfant que la bonne duchesse portait dans son sein; chacun attendait avec anxiété et espoir l'heure de sa délivrance.

Cette heure désirée arriva en l'an de grâce 657, suivant quelques auteurs, en l'année 661 d'après les autres [1]. Mais au lieu du prince si ardemment souhaité, Berswinde mit au monde une petite fille aveugle.

Le bonheur d'Adalric fit place alors à un profond désespoir, et l'amour paternel qu'il avait ressenti à l'avance pour son enfant se convertit en une haine violente [2]. Il se répandit en plaintes amères : « Dieu est en colère contre nous, disait-
» il, et veut nous punir de quelque grave trans-
» gression; car il nous accable d'un opprobre
» sans exemple parmi ceux de ma race, et qui

---

[1] Historie von Hohenburg, Dionys. Albrecht, p. 197, 2te Anmerkung. Les chroniqueurs ne sont pas d'accord sur l'époque de la naissance de sainte Odile. Il en est qui la font naître quelques années plus tôt; d'autres, trois ou quatre ans plus tard, que les deux époques les plus généralement admises, indiquées ici.

[2] Omnes auctores in vita B. Odiliæ. Vie de sainte Odile. Lombardica Historia, apud Kœnigshofen, p. 516.

» obscurcirait à jamais l'honneur de ma maison,
» si la naissance de cette enfant venait à être
» connue. »

Mais Berswinde lui répondit : « Gardez-vous,
» ô seigneur, de vous laisser aller à la colère
» et au désespoir, et souvenez-vous que quand
» les disciples du Sauveur le questionnèrent tou-
» chant l'aveugle-né, il leur dit : *Ni l'aveugle*
» *ni ses parents n'ont péché; mais cet homme*
» *doit servir à manifester la puissance de*
» *Dieu*. Ne murmurons donc point contre
» les décrets de l'Éternel, jusqu'ici il nous
» avait comblés de biens : bénissons son saint
» nom, dans l'affliction aussi bien que dans la
» joie. »

Ces douces et sages paroles n'apportèrent aucune consolation à Adalric; la malheureuse
duchesse ne réussit à calmer enfin son emportement qu'en s'engageant à tenir secrète la naissance de sa fille, à la faire élever hors de la mai-

son paternelle, à n'en plus parler à l'avenir en présence de son époux.[1]

Le duc croyait satisfaire à la loi de la nature en laissant vivre l'enfant, et répondre en même temps aux exigences de son rang et de son honneur en la condamnant à végéter dans l'obscurité et la misère[2]; et, afin que le mystère n'en fût point trahi, il fit publier à son de trompe dans la ville d'Oberehnheim que la duchesse avait eu une couche laborieuse, et que son fruit était mort-né.

Cependant Berswinde savait que l'une de ses anciennes suivantes, mariée dans le bourg de Scherwiller[3], et sur l'attachement de laquelle elle pouvait compter, était accouchée peu de temps

---

[1] Ibid. et Historie von Hohenburg, p. 153. Quelques chroniqueurs prétendent même qu'Adalric donna l'ordre positif de tuer sainte Odile immédiatement après sa naissance; mais les plus anciens, et par conséquent les plus dignes de foi, ne font nullement mention de ce trait de barbarie.

[2] Calmet, Bibl. Vignier, Véritable origine, etc. Lazius, De Transmigratione gent., lib VIII.

[3] Situé à deux lieues de Schélestadt.

auparavant;—elle se décida à la faire appeler en secret.

L'étrangère arriva, trouvant sa maîtresse plongée dans une profonde affliction et versant des larmes amères; elle lui dit : « Ma bien-aimée
» dame, ne vous laissez point accabler par la
» douleur, le Seigneur a voulu que votre fille
» naquît aveugle, peut-être lui ouvrira-t-il un
» jour les yeux ; si tel est votre plaisir, confiez-la-
» moi, je m'engage à la nourrir et à l'élever. »

Cette affectueuse promesse rendit du courage à Berswinde; ayant embrassé l'enfant, elle la déposa elle-même dans les bras de la suivante fidèle, en la recommandant à son très cher Sauveur
» et Seigneur Jésus et à la bienheureuse Vierge
» Marie[1].

La nourrice emporta donc la petite fille et lu donna son lait pendant une année environ[2]; mais,

---

[1] Histoire de sainte Odile, tirée de Mabillon. Apud Albrecht, p. 112.
[2] Rugr. Antiq. de Vôges, part. II, liv. IV, chap. 10.

malgré le soin avec lequel on avait célé aux sujets d'Adalric la naissance de la princesse, malgré le mystère dont sa seconde mère cherchait à envelopper son existence, afin d'éviter à la duchesse tout sujet d'inquiétude et de souci, il s'en fallut de bien peu que ce secret ne fût dévoilé par le temps [1].

Car cinq ou six mois à peine s'étaient écoulés, lorsque le bruit se répandit dans le pays qu'on élevait à Scherwiller [2] une petite aveugle d'origine inconnue, et qui devait appartenir à des personnes du plus haut rang, à en juger d'après les soins dont elle était l'objet. Quelques individus se rappelèrent alors que la femme qui veillait sur cette enfant mystérieuse avait été jadis au service de Berswinde, et remarquèrent également que l'âge du nourrisson s'accordait en tout point avec l'époque des couches prétendues malheu-

---

[1] Pelter., apud Albrecht. Historie von Hohenburg, p. 155.
[2] Vita S. Odiliæ apud Mabillon; Knoblauch in vita S. Odiliæ.

reuses de la duchesse. La nourrice de notre sainte[1] écoutait ces discours d'une oreille attentive et ne manquait pas d'en rendre compte à Berswinde. Celle-ci, craignant alors que ces mêmes propos ne fussent rapportés à Adalric, et que la colère de ce seigneur ne se rallumât, ordonna à son ancienne suivante de quitter en toute hâte les terres de son époux, pour se rendre en Franche-Comté, au couvent de Baume, situé à quelques lieues de la ville de Besançon, et où il lui serait facile de faire admettre l'enfant et de continuer à l'élever. Berswinde avait un double motif pour préférer ce monastère à tout autre lieu de refuge : la distance lui faisait espérer que la petite aveugle y serait à l'abri de toute recherche, et la su-

---

[1] Vignier, Véritable Origine des très illustres maisons d'Alsace, de Lorraine, d'Autriche, etc., p. 66.

On trouve dans cet ouvrage, publié en 1649, un fragment d'une vie de sainte Odile, écrite par un moine contemporain, qui paraît avoir appartenu au couvent de Luders, fondé par saint Deicolus, dans les environs de Colmar. Les mots suivants, que l'on remarque dans son écrit, prouvent qu'il était contemporain : « Hanc multi nostrorum viderunt ; et ego infelix » præ nimia incuria, cum nec Deo attenderem, nec sanctis, tanto me bo- » privavi.

périeure du couvent était propre sœur de la mère de la duchesse [1].

L'abbaye de Baume n'était point soumise encore à une règle particulière [2]; mais la prière, la lecture, le chant des psaumes, les conseils évangéliques, la mortification des sens et le travail des mains remplissaient tous les moments des humbles recluses qui l'habitaient et qui vivaient entièrement séparées du monde.

La jeune exilée arriva heureusement dans ce paisible asile; elle y vécut tranquille, loin du tumulte, et y reçut une éducation propre à développer les trésors de la grâce que le Seigneur avait déposés dans son âme. Dès le berceau, pour ainsi dire, elle prouva quelle devait être sa des-

[1] Pelter apud Albrecht. p. 155.
[2] Ce fut plus tard seulement qu'à l'imitation des moines, les nonnes adoptèrent les règles de saint Colomban ou de saint Donat, archevêque de Besançon; puis, — après le concile d'Aix-la-Chapelle, en 789, — celle de saint Benoît, avec quelques pratiques propres à chaque monastère, selon les besoins des lieux et l'exigence des cas. Le couvent de Baume prit sa grande importance seulement au huitième siècle, en 763, lorsque le duc Garnier le fit reconstruire et le dota : aussi la chronique d'Albéric, d'après celle de Hugues de Saint-Victor, regarde ce prince comme le vrai fondateur de Baume-les-Nonnes.

tinée future; les noms consacrés par la religion furent les premiers qui frappèrent son oreille enfantine, et les premiers aussi qu'elle apprit à prononcer lorsque sa langue commença à se délier; ses premiers discours furent des prières et des oraisons.

Sa pieuse tante et les personnes qui l'entouraient ne lui parlaient que de choses saintes; elle prêtait l'attention la plus surprenante aux enseignements de la foi qui lui étaient donnés; et comme une lumière intérieure éclairait pour elle ces sublimes vérités, et qu'elle était douée d'un esprit précoce et lucide, et d'une mémoire extraordinaire, elle connaissait mieux ses devoirs de chrétienne, âgée à peine de quatre ou cinq ans, que beaucoup de personnes déjà sorties de l'adolescence[1].

Ce fut ainsi qu'éloignée du monde et de ses tentations, la fille d'Adalric devint, dès l'âge le

---

[1] P. Pelter apub Albrecht. Historie von Hohenburg, p. 155.

plus tendre, un modèle accompli de vertu, puisant comme dans une source intarissable les plus purs enseignements, dans ses conversations avec la noble supérieure du couvent de Baume [1].

[1] Ibid.

CHAPITRE IV

> Il cracha à terre; et, ayant fait de la boue avec de la salive, il l'appliqua sur les yeux de l'aveugle, et il lui dit : — Allez vous laver dans dans la piscine de Siloë (ce mot signifie envoyé). Il y alla donc; il s'y lava, et il revint voyant clair.
>
> (*Saint Jean*, IX, 6, 7.)

Tandis que ces choses se passaient en Franche-Comté, Déodat, ancien évêque de Nevers et fils de saint Hunna, arrivait en Alsace [1], afin d'y prêcher l'Evangile et de se réunir aux ermites qui desservaient à Novient (Ebersheim-Münster) la plus ancienne des églises de la province, fondée par saint Materne.

La prédication de Déodat attira un immense

---

[1] Gebwil'er apud Albrecht, p. 89.

concours de peuple ; Adalric et Berswinde furent du nombre de ses auditeurs les plus assidus ; et le duc, voulant manifester publiquement la ferveur que lui avaient inspirée les discours du saint évêque, résolut de faire bâtir, à Novient même, un couvent et une église placés sous l'invocation des saints apôtres Pierre et Paul, et de les doter de revenus considérables ; il pria Déodat de diriger la construction des nouveaux édifices. L'œuvre fut aussitôt commencée ; Adalric ne refusait rien de ce qui était nécessaire pour la mener à sa perfection, et Déodat, voulant que l'église eût une grande solidité, employa, comme matériaux de construction, les massifs débris d'un temple païen existant dans la forêt voisine ; — il le fit détruire de fond en comble ; saint Materne en avait jadis renversé l'idole [1].

---

[1] Les ossements de saint Déodat ont été conservés dans cette même église. Jadis ses reliques étaient portées processionnellement et avec un grand déploiement de magnificence, dans la ville d'Ebersheim-Münster, le 19 de mai, jour de la fête du saint. (Gebwiller, p. 104.)

Cependant la construction était achevée et le moment de la consécration approchait. Déodat et Adalric convoquèrent non seulement le clergé alsacien ; mais ils envoyèrent également des messages à un grand nombre de clercs du pays situé au delà des Vosges, les engageant à se rendre à Ebersheim-Münster, afin que la pompe et la beauté de la cérémonie répondissent à la grandeur de la solennité. Adalric et Berswinde vinrent de Hohenbourg à Novient accompagnés d'une suite nombreuse ; la duchesse portait avec elle des vêtements sacerdotaux et des ornements d'autel d'une très grande richesse, qu'elle avait en partie travaillés de ses propres mains. Après la consécration, le duc remit à Déodat une lettre scellée, par laquelle il faisait don au nouveau cloître d'un grand nombre de fermes avec leurs dépendances, sans charge aucune, afin de subvenir ainsi à l'entretien du couvent et des religieux bénédictins qui devaient l'habiter et s'y vouer au culte du Tout-Puissant [1], [2].

Ces évènements se passaient vers l'année 666. Les franchises d'Ebersheim-Münster furent confirmées plus tard par Charlemagne [3].

Mais retournons à l'aveugle du couvent de Baume que le Ciel destinait à faire rejaillir un jour la gloire la plus pure sur tous ceux de sa race. Étrangère à la terre par son infirmité et par la vie qu'elle avait menée, son existence n'avait encore été pour ainsi dire qu'une prière perpétuelle, un long acte d'adoration. Toutefois elle était parvenue à l'âge de douze à treize ans sans être baptisée. Les chroniques les plus dignes de foi qui parlent d'elle s'accordent sur ce point [4].

[1] Voyez note 1, à la fin du volume.

[2] Gebwiller apud Albrecht.

(Anführungen der Walfarter auf den Heiligen Odilien berg, von Dionysio Albrecht, p. 185.

[3] Les ossements d'Adalric ont été transportés, par la suite, de Hohenbourg à l'abbaye d'Ebersheim-Münster, et y ont été pendant longtemps l'objet de la vénération des pèlerins. On ignore l'époque de cette translation.

[4] D. Lud. Hugo., Episcopus; Ptolem., abbas Stiv., t. I, Annal. Ord.

Cependant on administrait alors le sacrement de la régénération aux enfants peu après leur naissance [1]; ce pieux usage était depuis longtemps adopté, et il n'est pas à croire que Berswinde eût négligé de se conformer aux préceptes de l'Église, ou qu'elle eût été plus occupée de la vie temporelle de son enfant que de son salut éternel ; mais il est probable que la cérémonie ayant eu lieu sans éclat, en secret et au moment où Adalric était en proie à la colère que lui avait causée la cécité de sa fille, celle-ci avait été simplement ondoyée, ou qu'une grave omission avait eu lieu et que le baptême était entaché de nullité [2].

Quoi qu'il en soit, s'écrie un de nos vieux chroniqueurs en interrompant son récit, « il » avait été dans les desseins de la Providence » que toutes choses dussent se passer ainsi, afin

Præmont, verb. *Odilia*, et Dionys. Albrecht, Historie von Hohenburg p. 199. 2 te Anmerckung.
[1] Ibid., 3 te Anmerck.
[2] Ibid.

» qu'un miracle éclatant marquât l'admission
» solennelle de la jeune fille dans la communauté
» chrétienne; car dans ce temps, ajoute notre
» historien, vivait en Bavière l'évêque saint
» Erhard, sur lequel reposait la bénédiction de
» Dieu; et ce prélat eut une vision pendant la-
» quelle il lui fut enjoint de se rendre sur-le-
» champ au couvent de Baume en Franche-Comté.
» Une voix lui avait dit : Là tu trouveras une
» jeune servante du Seigneur, tu la baptiseras
» et lui donneras le nom d'Odile, et au moment
» du baptême ses yeux, qui n'ont jamais été ou-
» verts jusqu'ici, verront la lumière [1]. »

Saint Erhard partit sans délai pour obéir à cet ordre; mais, au lieu de se rendre en Franche-Com-

---

[1] Vie de sainte Odile, tirée de Mabillon, apud Albrecht, p. 113.—Vie des Saints ex Historia Lombardica. Schilter apud Kœnigshofen, p. 516.

Et Laguille, Histoire d'Alsace, v. I, liv. VII, p. 82. Le père le Cointe, Annales eccles., t. IV, p. 240, commet évidemment une erreur en faisant baptiser Odile dans le diocèse de Strasbourg, à l'abbaye de Moyen-Moutier, à laquelle un manuscrit isolé donne le nom de Balma. La longue résidence de sainte Odile à Baume, sur le Doubs, est constatée par les plus anciens chroniqueurs. — On n'est pas d'accord sur la qualité d'Erard, qui conféra le sacrement à notre sainte. L'Histoire Lombarde de Laguille l'indique sous la qualité d'*évêque en Bavière;* quelques historiens croient qu'il

té par la voie la plus directe, il prit à dessein le chemin des âpres montagnes de l'Alsace et de la Lorraine; car il savait que son frère Hidulphe, qui jouissait d'une haute réputation dans la chrétienté, avait volontairement renoncé à la dignité d'archevêque de Trèves, dont il était revêtu, pour se retirer dans ces lieux sauvages, y fonder l'abbaye de Moyen-Moutier, et y terminer sa carrière dans la solitude et la prière. Erhard voulait se faire accompagner par Hidulphe dans sa mission [1].

Le voyage du saint évêque fut heureux, et une antique tradition rapporte que, lorsque les deux frères se revirent, ils se précipitèrent dans les bras l'un de l'autre, et que pendant un long embrassement leurs âmes eurent une communication intime et mystérieuse, qui leur rendit inutile

---

était abbé d'Ebersheim-Münster et évêque régionnaire; en effet Everard, supérieur de l'abbaye d'Ebersheim-Münster, était contemporain d'Adalric et de Déodat. D'autres chroniqueurs enfin et l'inscription du tombeau d'Odile lui donnent la qualité d'évêque de Ratisbonne. Au reste, s'il y a désaccord à ce sujet, il n'y en a pas relativement au miracle qui a accompagné le baptême,—tous les récits s'accordent sur ce point.

[1] Omnes auct. in vita B. Odil.

l'usage de la parole. Ils s'étaient compris, s'étaient tout dit sans se parler. Hidulphe se disposa aussitôt à suivre Erhard, afin d'assister au miracle que la toute-puissance divine devait opérer par son entremise. Les deux saints pèlerins, étant arrivés à Baume, demandèrent à voir l'enfant aveugle; lorsqu'elle leur fut présentée, ils versèrent des larmes, et l'esprit qui les animait les poussa à s'écrier d'un commun accord : « O Jésus,
» qui êtes la vraie lumière qui éclaire tout hom-
» me venant dans ce monde, laissez tomber
» votre pitié, semblable à une rosée bienfaisante,
» sur votre jeune servante, et accordez la clar-
» té aux yeux de son corps aussi bien qu'à ceux
» de son âme![1] »

Erhard et Hidulphe procédèrent alors à l'examen de la catéchûmène; ils la trouvèrent parfaitement instruite de tous les dogmes de la religion chrétienne, et furent édifiés de la haute

---

[1] Pelter apud Albrecht, etc., p. 157.

sagesse et de la grande piété qui brillaient dans ses réponses [1].

La cérémonie du baptême eut lieu peu de jours après. Toute la communauté de Baume se réunit dans l'église du couvent, et saint Hidulphe tint la jeune fille sur les fonts. Erhard, ayant prononcé les prières usitées, procéda à l'onction des yeux de l'aveugle avec le saint chrême, en disant: «A l'avenir sois éclairée par les yeux du
» corps aussi bien que par ceux de l'âme, au
» nom de Jésus-Christ Notre-Seigneur [2]. »

Les religieuses agenouillées dans l'église attendaient, avec un pieux recueillement et dans un silence profond, que le miracle s'opérât, et leur attente ne fut pas vaine; car au moment où Erhard cessa de parler, les paupières de l'enfant se séparèrent, ses grands yeux bleus s'ouvrirent à la lumière,

---

[1] Vignerius, Véritable origine des très illustres maisons, etc, p. 67.
[2] Pelter apud Albrecht, etc., p. 157, et Vie de sainte Odile recueillie par Mabillon, apud Albrecht, p. 113. Gebwiller ap. Schuttenheimer, p. 33. D. Lud Hugo episcopus. Ptolom. Abbas Stiv., t. I, Annal. Ord. Præm. verb. *Odilia*.

et son premier regard, dans lequel brillait toute la pureté de son âme, fut dirigé vers le ciel, comme pour remercier le Tout-Puissant de la faveur qu'il venait de lui accorder[1].

Tous les assistants se mirent à louer Dieu à haute voix ; Erhard donna à la jeune fille le nom d'Odile, ainsi qu'il en avait reçu l'ordre d'en haut; puis, se tournant du côté de l'assemblée, il lui rappela que jamais avant la venue de Notre-Seigneur les yeux d'un aveugle-né n'avaient vu le jour : « Le miracle dont vous venez d'être témoins,
» ajouta-t-il, est également l'œuvre de notre
» très doux Sauveur; gardez-vous donc de res-
» sembler à ces Juifs, dont les cœurs se fermaient
» de plus en plus, quoiqu'ils eussent assisté aux
» œuvres admirables que le Christ avait faites
» devant eux, afin de les convertir. Après que
» vous avez été spectateurs de la merveille qui

---

[1] Ibid., Laguille, Histoire d'Alsace, t. I., l. VII, p. 87. Et omnes auct. in vita B. Odiliæ.

» vient d'avoir lieu, Dieu veuille qu'elle serve à
» ouvrir aussi vos yeux spirituels, et à vous ren-
» dre plus disposés à servir le divin Maître qui
» protége ses serviteurs d'une manière si admira-
» ble, et qui repousse dans d'éternelles ténèbres
» les pécheurs endurcis [1] !

Ayant alors béni un voile, le prélat en couvrit la tête d'Odile; en même temps il lui remit une petite cassette dorée, contenant des reliques précieuses, et prédit que le Ciel lui réservait des faveurs plus grandes encore, pourvu qu'elle conservât toujours en son cœur le trésor de grâce qui y avait été déposé [2].

Hidulphe et Erhard quittèrent Baume aussitôt après y avoir accompli leur mission. Avant de s'éloigner ils recommandèrent à l'abbesse et à ses compagnes de veiller au développement de la fleur précieuse qui croissait dans leur paisible

---

[1] Pelter apud Albrecht, p. 158.
[2] MS. C. Vitæ B. Odiliæ metro editæ, c. 4.

retraite. Erhard, donnant alors une dernière bénédiction à Odile, lui dit encore : « O ma chère
» fille, plaise à la miséricorde du Tout-Puissant
» qu'un jour nous soyons réunis dans le royaume
» du ciel, aux joies duquel nous sommes tous
» appelés[1]. »

[1] Vignier, Véritable origine, etc., p. 67.

CHAPITRE V

> Une seule chose est nécessaire; Marie a choisi la meilleure part, qui ne lui sera point ôtée.
> (*Saint Luc*, x, 42.)
> J'étais malade, et vous m'avez visité. (*Saint Matthieu*, xxv, 36.)

Les deux frères ayant appris à Baume le secret de la naissance d'Odile, se proposèrent d'informer Adalric de la guérison miraculeuse de sa fille, et de réveiller ainsi dans son cœur le sentiment de l'amour paternel.

Or, la solitude dans laquelle vivait Hidulphe n'était éloignée de Hohenbourg que de neuf heures de marche; Erhard le chargea donc de se rendre auprès du duc d'Alsace, et retourna directement dans son diocèse; la guérison miraculeuse d'Odile y fut bientôt connue, et contribua puissamment à propager la foi chrétienne.

Cependant Hidulphe était arrivé à Oberehnheim ; et comme il possédait au plus haut degré l'art d'émouvoir les cœurs, et qu'ordinairement ses paroles faisaient une profonde impression sur les grands et les petits, il s'était flatté qu'en instruisant le duc de ce qui venait de se passer à Baume, il ferait changer en un instant les dispositions de ce seigneur à l'égard de la jeune exilée.

Mais l'affection d'Adalric s'était portée sur d'autres objets; malgré la grandeur de sa faute, la bénédiction du Ciel avait continué à reposer sur sa maison; et, après le renvoi de la pauvre enfant aveugle, objet de sa colère et de ses dédains, la duchesse lui avait donné successivement quatre fils et une fille [1], qui par leur sainteté devinrent

---

[1] Vignier, Véritable origine, etc., p. 2, 63, 64, 70, 71, 74, 75. Les fils étaient Etichon ou Etton, Adelbert, Hugues, et Batachon. La fille se nommait Roswinde.

tous les ornements de l'Eglise et de leur patrie, et desquels devaient sortir la plupart des races royales de l'Europe. Le duc refusa de rappeler Odile auprès de lui; peut-être aussi éprouvait-il, sans s'en rendre compte, une sorte de crainte à l'égard de cette fille si miraculeusement guérie, après avoir été bannie avec tant d'injustice. Toutefois il ne fut pas insensible à la nouvelle que lui apportait Hidulphe, et voulant lui en témoigner de la reconnaissance, il lui fit don de la terre de Feldkirch pour son abbaye de Moyen-Moutier. Odile continua donc à vivre dans le couvent de Baume, après avoir été baptisée; sa conduite pieuse, son renoncement à tout ce qui était mondain et son profond recueillement inspiraient un sentiment de respect aux vierges au milieu desquelles elle se trouvait. Elle joignait l'expression des pensées les plus graves et les plus elevées, la plus fervente piété, et une active charité, à une simplicité enfantine tout empreinte des grâces de son âge et à une beauté peu commune[1].

Odile, qui aimait ses frères en Jésus-Christ, selon le précepte évangélique et avec une entière absence d'égoïsme, devait aimer Dieu par-dessus toutes choses. Modeste et simple dès son enfance, elle l'était devenue plus encore en grandissant ; malgré son extrême jeunesse, elle était parvenue déjà à dompter ses penchants terrestres ; ses longues années de cécité lui avaient rendu habituelles la prière et la méditation ; elle comprenait que, pour conserver le repos de l'âme, l'indifférence à l'égard des choses de ce monde, et la douce confiance en Dieu que lui avait inspirée le miracle opéré sur elle, il fallait qu'elle portât l'exactitude la plus rigoureuse à l'accomplissement de tous ses devoirs. Parmi les recluses du couvent de Baume il n'en était au-

---

[1] Les chroniqueurs célèbrent surtout la beauté merveilleuse des cheveux blonds d'Odile.

cune qui montrât une dévotion et un zèle plus ardents qu'Odile, une foi plus vive, une humilité plus profonde et plus édifiante, et qui se soumît à de plus dures mortifications. Sa ferveur éclatait surtout durant les journées solennelles où l'Église célèbre le grand mystère de la rédemption du genre humain ; sa contenance, l'abondance de ses larmes, témoignaient alors de l'amour dont son cœur était embrasé, et l'on voyait, suivant les expressions de l'un de ses biographes [1], « que
» les trésors de la grâce reposaient en elle, et
» que dès son premier essor cette âme jeune et
» pure s'élevait déjà vers les choses célestes, d'un
» vol rapide, semblable à celui de la douce co-
» lombe aux ailes déployées. »

Cependant, notre sainte devait être éprouvée également par les peines de la vie; sa nourrice, qu'elle aimait d'un amour filial, et qui, pour ne point la quitter, avait renoncé à sa famille et

---

[1] Peltre apud Albrecht 162, p.

s'était établie au couvent de Baume [1], tomba dangereusement malade. Les souffrances de cette femme furent très longues, elles durèrent pendant bien des mois : « Sans doute, disent les an-
» ciens manuscrits [2], Dieu ordonna qu'il en fût
», ainsi, afin que la nourrice eût satisfait dès ce
» monde à la justice éternelle, et que la re-
» connaissance, la générosité et la charité de
» la bienheureuse Odile parussent dans tout leur
» éclat. »

Et en effet la supérieure du couvent ayant accédé à la fervente prière de la jeune étrangère en lui permettant de veiller aux besoins de la malade, Odile ne quitta presque plus le chevet de celle qui avait donné les premiers soins à son enfance ; elle ne s'en éloignait que pour assister aux saints offices, et remplissait vis-à-vis d'elle les fonctions de garde, de servante, et surtout de

---

[1] Knoblauch in vita S. Odiliæ.
[2] MS. C. B. Odiliæ metro scriptæ, cap. 4. — MS. C. Lombardica Historia, p. 101. — Breviarium vetus Argent. in lection. B. Odiliæ.

consolatrice. Ses pieux discours inspiraient du courage à la nourrice; elle offrait humblement ses souffrances à Notre-Seigneur, et attendait avec joie et espérance, mais en même temps avec une entière résignation, l'heure de sa délivrance. Enfin le moment que la Providence avait marqué pour l'affranchissement de cette pauvre âme arriva, et la moribonde, ayant reçu les derniers sacrements, expira doucement dans les bras d'Odile, qui lui ferma les yeux et l'ensevelit de ses propres mains [1].

Les chroniqueurs ajoutent que le tombeau de la nourrice fut ouvert quatre-vingts ans après sa mort : « Alors, disent-ils, un très grand
» miracle frappa les regards de tous les assis-
» tants; car il se trouva que le sein droit, auquel
» la fille d'Adalric avait pris sa première nour-
» riture, était conservé intact, tandis que le
» reste du corps n'était plus que cendre et pous-

[1] Ibid.

» sière. On ne saurait douter que Dieu n'ait
» ordonné qu'il en fût ainsi, afin de rendre la
» sainteté d'Odile manifeste à tous les yeux, et
» de rappeler à la mémoire des hommes les
» vertus dont elle avait donné l'exemple au
» couvent de Baume, pendant les premières an-
» nées de sa vie [1]. »

[1] In vita. S. Odiliæ apud Mabillon.

CHAPITRE VI

> Si donc étant sur le point de faire votre offrande à l'autel, vous vous souvenez que votre frère a quelque chose contre vous, laissez là votre offrande devant l'autel, et allez vous réconcilier auparavant avec votre frère : après cela vous viendrez présenter votre offrande. (*St Matthieu*, v, 23, 24.)

Odile, malgré la dureté avec laquelle elle avait été repoussée de la maison paternelle, éprouvait depuis long temps le désir ardent de voir une fois au moins les auteurs de ses jours ; ce désir devint plus vif encore après qu'elle eut perdu avec sa nourrice le seul lien qui lui rappelât le sol natal. Elle eût simplement voulu témoigner son amour à ses parents, se faire aimer à force de tendresse de celui à qui elle devait la vie, et qui cependant ne l'avait jamais traitée comme son enfant ; l'idée d'être replacée dans le rang que lui assignaient les richesses et le pouvoir de son père, et de changer sa vie recueillie pour le tumulte de la cour, ne s'était pas même présentée à son esprit. Or Odile savait que le comte Hugues était le plus noble des quatre fils d'Adalric; chacun le citait comme le prince le plus beau et le plus accompli de son temps [1]; et l'on disait que son illustre naissance était la moindre de ses qualités ; qu'il était prudent, généreux, animé par le fier courage et la bonté de cœur qui siéent à la jeunesse. Elle se décida donc à lui écrire ; et, sans lui parler encore du sujet de sa peine, elle chargea un pèlerin de lui porter une première lettre, soigneusement enveloppée dans une pièce d'étoffe écarlate [2]. Hugues, charmé de l'épître de sa sœur, et très versé lui-

[1] Vignier, Véritable origine, etc., p. 65.
[2] Histoire de sainte Odile mise au jour par Mabillon. Apud Albrecht, p. 114.

même dans l'art de l'écriture, contre l'usage de la plupart des seigneurs de son temps, entretint dès lors avec elle une correspondance suivie. Odile lui donnait souvent des avis très sévères, qu'il recevait avec une tendre reconnaissance.

Le voyant ainsi disposé, notre sainte se décida enfin à lui ouvrir son cœur. Hugues, plein de joie, se hâta d'intercéder pour sa sœur auprès d'Adalric, et le supplia avec les plus vives instances de la rappeler auprès de lui, et de ne plus condamner à l'exil [1] une fille dont les éclatantes vertus ne pouvaient que faire le plus grand honneur à sa maison. Mais le duc, persistant dans son coupable et orgueilleux endurcissement, et prenant une expression sévère malgré sa prédilection habituelle pour Hugues, lui répondit qu'il avait des motifs particuliers, et dont il n'était comptable à personne, pour exiger qu'Odile restât à Baume; en même temps il défendit

[1] Vie de sainte Odile apud Albrecht, p. 114.

à son fils de lui adresser à l'avenir de semblables requêtes [1].

Néanmoins le jeune homme, profondément affligé de ces refus et poussé par le plus pur amour fraternel, n'obéit point aux ordres qu'il venait de recevoir [2] : convaincu que la seule présence de la douce exilée le justifierait auprès de son père, il fit préparer sur-le-champ un char commode, des chevaux et les différents objets nécessaires à un voyage; puis il envoya le tout à sa sœur avec une bonne escorte, en la priant de se mettre en route le plus tôt possible [3].

La sainte, pleine de confiance en Hugues et persuadée qu'Adalric avait consenti à son voyage, quitta Baume. Les adieux furent tristes et pénibles; mais Odile consola sa tante et ses anciennes compagnes par la promesse du retour; car elle avait le projet de revenir bientôt dans

[1] Ibid, p. 114, 132, 264.
[2] Ibid. — Manuscrit d'Obernai, p. 14.
[3] Ibid.

le monastère et d'y rester jusqu'à la fin de son pèlerinage terrestre [1]. Toutefois le Ciel en avait ordonné autrement.

L'aimable vierge espérait, en quittant le lieu où s'était écoulée son enfance, que cette course lointaine tournerait à la plus grande gloire de Dieu, et que par ses prières et ses larmes elle réussirait à engager son père à faire pénitence des excès auxquels avaient pu le pousser la dureté de son caractère, l'autorité presque absolue dont il jouissait, et son éducation à demi barbare [2]. Cependant, lorsqu'elle se fut éloignée du monastère, un sentiment nouveau vint la troubler et l'agiter [3] ; elle commença à se reprocher la trop grande envie qu'elle avait témoignée de retourner auprès de sa famille, et l'ardeur avec laquelle elle avait porté ses regards vers un bonheur terrestre. Elle se rappela que le Dieu au

[1] Vie de sainte Odile, apud Albrecht, loc. cit.
[2] Manuscrit d'Obernai, p. 14.
[3] Vie de sainte Odile apud Albrecht, loc. cit.

service duquel elle voulait consacrer sa vie est un Dieu jaloux, qui ne permet pas à ses fidèles servantes d'attacher leurs cœurs à la possession des créatures, lesquelles ne doivent être que des moyens et des voies pour amener le vrai chrétien à connaître et à aimer de plus en plus l'auteur de tous les biens.

Odile versa des larmes abondantes et amères; mais suivant son pieux usage, elle eut recours à la prière pour dissiper son inquiétude et le trouble de sa conscience. Bientôt aussi une entière sérénité et une douce confiance vinrent de nouveau remplir son âme.

Pendant son voyage, notre sainte vécut aussi solitairement qu'elle avait continué de le faire à Baume; et protég par les bons anges, elle arriva heureusement au pied de la montagne sur laquelle s'élevait le nouveau château de Hohenbourg.

Adalric, entouré de ses quatre fils, s'entrete-

nait familièrement avec eux, lorsqu'il aperçut au loin une troupe de gens armés qui accompagnaient un char et gravissaient péniblement la hauteur [1]. « Le duc ayant demandé quels étaient
» ces étrangers, » ajoutent les chroniqueurs
» dont ces détails sont tirés, Hugues répondit
» avec un mouvement de grande joie : — C'est
» Odile, c'est ma sœur. — Et qui a osé la faire
» arriver sans mon ordre ? s'écria le duc, d'un
» air courroucé. « L'adolescent vit bien alors
» qu'il fallait avouer la vérité, et ployant le ge-
» nou devant son père, il dit : — C'est moi, Sei-
» gneur. Poussé par l'amitié extrême que je
» ressens pour elle, je lui ai écrit qu'elle pouvait
» venir ; j'ai été coupable par trop d'affection, et
» si vous êtes inexorable, punissez-moi, car elle
» est innocente [2]. »

[1] Vignier, Véritable origine, etc., p. 66, et manuscrit d'Obernai, p. 15. Omnes auct. in vita B. Odiliæ

[2] Histoire de Sainte Odile tirée de Mabillon. Gebwiller et Peltre, apud Albrecht, p. 115, 132 et 165, et Lombardica Historia apud Kœnigshofen, 517. Manuscrit d'Obernai, p. 15.

Hugues, comptant trop sur la tendresse de son père, avait espéré en être quitte pour de dures paroles ; mais Adalric, enflammé par la colère, comme il l'avait été jadis en voyant pour la première fois l'enfant aveugle, leva le bâton qu'il portait à la main, et en asséna un coup si violent à son fils, que le jeune homme resta évanoui à ses pieds [1]. Honteux et repentant de sa fureur, le duc fit relever alors celui qui avait toujours été son bien-aimé et ordonna qu'on prît soin de sa blessure.

L'emportement d'Adalric acheva de se dissiper, lorsque Odile, arrivée au sommet de la montagne et fléchissant le genou, fixa sur lui ses yeux, qui, fermés jadis à la lumière, jouissaient mainte-

---

[1] Histoire de sainte Odile, Peltre apud Albrecht, p. 165, et manuscrit d'Obernai, p. 15. — L'Histoire Lombarde et plusieurs autres chroniques rapportent cet évènement d'une manière différente et racontent que dans sa fureur Adalric avait tué Hugues. La légende populaire a adopté cette dernière version, et ajoute que le duc se livra aux larmes, aux mortifications et aux plus dures pénitences pour expier son crime, et qu'à partir de ce moment il devint un autre homme. Cependant ce récit n'est pas conforme à la vérité ; car l'auteur contemporain de la vie de sainte Odile dit simplement que ce fils mourut avant son père, et les biographes les plus anciens rapportent que Hugues se maria plusieurs années après le retour de la sainte à Hohenbourg, et qu'il laissa trois fils. Mais, en effet, il mourut jeune ; c'est là sans doute ce qui a donné naissance à la tragique histoire que nous venons de rapporter.

nant de la clarté du jour, grâce à la bonté divine. Le duc, se rappelant en ce moment le miracle opéré sur la personne d'Odile, éprouva pour la première fois un mouvement d'affection, et, la relevant d'un air bienveillant, il engagea ses fils à la recevoir avec amitié.

Dans cet instant accoururent Berswinde et sa seconde fille Roswinde. La duchesse, versant d'abondantes larmes, baisa avec respect les yeux d'Odile, et reconnut alors qu'en effet Dieu avait fait naître son enfant privée de la vue, pour manifester plus tard sa puissance, en répétant sur elle le miracle de l'aveugle de l'Évangile [1].

Notre sainte fut conduite à l'église du château par ses parents, aussitôt qu'elle eut mis les pieds dans l'enceinte de Hohenbourg ; là, se prosternant humblement dans la poussière, elle remercia Dieu de la protection qu'il lui avait accordée dans ce voyage, qui la réunissait à sa famille.

[1] Peltre apud Albrecht, p. 166.

CHAPITRE VII

> Ne vous amassez point de trésors sur la terre, où la rouille et les vers les consument, et où les voleurs les déterrent et les dérobent. — Mais amassez-vous des trésors dans le ciel, où il n'y a ni rouille ni vers qui les consument, ni voleurs qui les déterrent et les dérobent.
>
> (*Saint Matthieu*, VI, 19, 20.)

Cependant, quoique l'aversion d'Adalric se fût calmée et qu'il eût témoigné quelque bonté à Odile au moment de son arrivée, il était loin encore de ressentir pour elle le même amour que pour ses autres enfants ; la reléguant dans un lieu écarté du château, en société d'une sainte fille vouée au service du Seigneur et originaire de la Grande-Bretagne, il ne la faisait jamais paraître en sa présence et ne lui accordait pour sa subsis-

tance que la portion d'une servante [1]. Notre sainte, peu touchée de ce traitement injuste, menait à Hohenbourg la vie simple et retirée à laquelle elle s'était habituée au couvent de Baume, et trouvait moyen encore, souvent, à la vérité, en se privant du nécessaire, de soulager les malheureux. Toutefois le moment où Adalric devait en venir enfin à de meilleurs sentiments n'était point éloigné ; « car traversant un jour les cours
» de sa résidence [2], il rencontra Odile, qui por-
» tait en main un vase couvert. Surmontant
» alors sa froideur accoutumée, » selon l'expression de l'historien auquel ce fait est emprunté, il lui dit d'un ton assez doux : « — Où vas-tu, ma
» fille ? — Seigneur, répondit-elle, j'emporte
» un peu de farine d'avoine afin de préparer des
» aliments pour de pauvres malades. — » Ces paroles, prononcées d'une voix timide, émurent vi-

---

[1] Manuscrit d'Obernai, p. 16. Lombardica Historia apud Kœnigshofen, p. 5 .
[2] Ibid.

vement le duc, et regardant alors avec tendresse cette fille, que jusqu'alors il avait repoussée sans que la charité et la douceur d'Odile en eussent été altérées, il s'écria les larmes aux yeux : « Ne » t'afflige point, très chère enfant, d'avoir mené » jusqu'à présent si pauvre vie, il n'en sera plus » ainsi à l'avenir. »

En effet, à partir de ce moment, les rapports d'Odile avec son père changèrent entièrement ; Adalric commença à la traiter avec une bienveillance extrême, et à lui témoigner même en toute occasion une prédilection marquée, comme s'il eût voulu lui payer les longs arrérages de son ancienne dette d'amour paternel ; mais notre sainte, que le malheur n'avait point abattue, se montra également supérieure à sa bonne fortune ; dédaignant les plaisirs terrestres, qui maintenant lui étaient journellement offerts, elle continuait à consacrer son existence entière au Seigneur [1].

[1] Peltre apud Albrecht, p. 166.

Ses journées et ses nuits se passaient en prières et en bonnes œuvres. Les vertus d'Odile ne tardèrent plus alors à recevoir la douce récompense que souhaitait son cœur, elles trouvèrent des imitateurs dans tous les membres de sa famille : sa sœur Roswinde, voulant suivre son exemple, renonça aux joies et aux vanités du monde, pour porter la croix du Sauveur; ses frères et son père réformèrent peu à peu ce qu'il y avait de barbare et de grossier dans leurs mœurs, et essayèrent de pratiquer, à l'instar de notre sainte, les plus excellentes vertus du christianisme; les serviteurs mêmes du duc et de la duchesse commencèrent à vivre dévotement, pour plaire à la jeune princesse, qui avait gagné les affections de tous.

Les pauvres trouvèrent une mère en Odile. Sa plus chère occupation était de soulager les malheureux, et bientôt le castel de Hohenbourg devint le lieu de refuge de tous ceux que l'infortune accablait. *Notre chère sainte*, car tel est le nom que lui donnent les anciens historiens d'Alsace, *notre chère sainte* ne se contentait pas de les consoler par de douces paroles, elle leur distribuait tout ce qu'elle possédait, son argent et ses vêtements ; souvent même elle endurait la faim, et se refusait la nourriture, pour pouvoir soulager plus efficacement les malades. Ceux que la faiblesse empêchait de parvenir au château étaient visités par Odile, elle redoublait pour eux de compassion et de sollicitude ; descendant chaque jour la route escarpée de la montagne, elle les cherchait dans leurs chaumières, afin de les encourager par de pieux discours. Rien ne pouvait arrêter son zèle, elle soignait de ses propres mains les êtres que leurs maux rendaient les plus rebutants. Les malheureux la regardaient, non seulement comme une bienfaitrice, mais encore comme une amie, à laquelle ils pouvaient ouvrir leurs cœurs et faire part de ce qui oppressait leurs consciences [1].

C'étaient principalement les agonisants qu'Odile visitait avec amour et charité, afin de soutenir et de préparer à la mort ceux qui étaient disposés à quitter la terre dans de bons sentiments, et de tâcher de ramener dans la voie du salut, par un acte de repentir, les pécheurs auxquels elle rouvrait ainsi la route de l'éternelle béatitude. Les occupations qui ordinairement remplissent les hommes de fatigue et de dégoût étaient chères à Odile : en soulageant la misère, elle ressentait un bonheur, une paix céleste ; son âme s'élevait vers Dieu, tandis qu'elle répandait des bienfaits ; elle ne cessait de remercier l'Éternel, qui lui donnait l'occasion de servir ses frères.

La princesse mettait également un soin extrême à complaire en tous points à ses parents ; aussi l'amour que lui portaient le duc et la du-

[1] Peltre apud Albrecht, p. 167

chesse ne tarda-t-il pas à devenir tel, si l'on voulait obtenir d'eux quelque grâce spéciale, on priait Odile d'en faire la demande ; car maintenant le repentir qu'éprouvait Adalric de ses précédentes injustices envers sa fille, surpassait encore la colère qu'il avait témoignée au moment de sa naissance [1]. Ce prince, qui jadis croyait de bonne foi pouvoir justifier sa conduite, avouait maintenant qu'elle avait été sans excuse, et se montrait ainsi fort supérieur à la plupart de ses pareils, lesquels ne conviennent jamais de leurs torts, même les plus graves ; il savait gré actuellement à Hugues de son heureuse désobéissance, et cherchait à le dédommager, par des faveurs particulières, du cruel traitement qu'il lui avait infligé au moment de l'arrivée d'Odile [2].

Cependant, de même qu'un temps serein ne dure pas toujours, de même aussi le bonheur pai-

[1] Ibid.
[2] Ibid.

sible dont on jouissait alors à Hohenbourg devait avoir un terme. Notre sainte, qui avait supporté avec un si noble courage la froideur et l'indifférence de son père, commençait à être fatiguée des pompes de la résidence d'Adalric; les flatteries et les prévenances dont elle était l'objet lui inspiraient de la tristesse; des devoirs purement mondains absorbaient une partie du temps qu'elle voulait consacrer au Seigneur ; en un mot, elle regrettait la solitude de Baume et le genre de vie qu'elle y avait mené[1]. Elle avait coutume de dire[2] :
« L'existence solitaire est la seule voie qui mène
» à la perfection ; elle est l'école du ciel, l'édu-
» catrice du royaume de Jésus-Christ, l'institu-
» trice des saints, la sagesse des justes, la racine
» du silence et la fleur de la chasteté. Elle est un
» miroir pour les pécheurs et un avertissement
» pour les pénitents ; elle éloigne de ce qui est

---

[1] Ibid., et manuscrit d'Obernai, p. 17.
[2] Ruyr, ancienne histoire de Wasgau, 2ᵉ partie, l. IV, nº 5.

» mondain, amène à la connaissance de Dieu,
» et apprend comment on doit mortifier la chair,
» pour la soumettre à l'esprit et obéir à la loi
» divine. »

Pénétrée de ces sentiments, Odile les découvrit enfin à Adalric, et lui déclara que son intention était de quitter le toit paternel, pour retourner au couvent dont sa tante était abbesse, et y finir ses jours dans la pénitence. « On se méprend ici, lui dit-elle, on me rend des respects
» qui ne me sont pas dus, on ne me connaît pas
» telle que je suis, et si j'y restais plus long-
» temps, je pourrais bien l'oublier moi-même [1]. »

Mais le duc s'opposa à ce départ, et donna pour prétexte à ses refus formels qu'en pratiquant les vertus chrétiennes à la cour, sa fille ferait plus de bien par ses exemples qu'en se retirant et en se mortifiant à Baume. Les prières, les exhortations et les larmes de la sainte furent inu-

[1] Peltre apud Albrecht, p. 168, et manuscrit d'Obernai, p. 17.

tiles : la résolution d'Adalric était inébranlable [1].

La jeune fille, déçue dans son espoir de retourner en Franche-Comté, écrivit alors une touchante lettre d'adieu à ses anciennes compagnes. La douleur qu'en ressentirent les religieuses de Baume fut adoucie par le souvenir de la protection manifeste que le Seigneur avait toujours accordée à l'aimable vierge, et par l'espoir que Dieu voulait l'employer pour répandre en d'autres lieux la gloire de son saint nom. Pleines de vénération pour la mémoire d'Odile, elles déposèrent respectueusement parmi les objets précieux conservés dans leur église un voile violet, enrichi de broderies d'or et de soie de diverses couleurs par la fille du duc d'Alsace, alors qu'elle vivait parmi elles, exilée de la maison de son père [2].

Toutefois le souvenir des vertus de l'étrangère

[1] Ibid.
[2] Ex litteris abbatissæ de Bissy cœnobii Balmensis, 1692.

était la plus précieuse de toutes les reliques ; le parfum en était demeuré dans les lieux où s'étaient écoulées son enfance et sa première jeunesse ; après bien des années encore, son nom suffisait pour rallumer le zèle de celles qui eussent été disposées à se relâcher dans l'observation de leurs devoirs.

CHAPITRE VIII

> Faites que je meure à tout ce qui est dans le monde, que j'aime à demeurer inconnu au monde, et à être méprisé pour l'amour de vous. Faites que je me repose en vous plutôt qu'en tout ce que je puis jamais désirer, et que mon cœur trouve en votre sein sa paix et sa joie.
> (*Imitat.*, l. III, ch. xv, 4.)

Odile, qui était revenue à Hohenbourg sans le consentement de son père, se vit donc forcée à y rester maintenant contre son propre gré [1].

Sa réputation se répandit avec rapidité dans tous le pays, et l'on parlait si généralement de la fille du duc d'Alsace, qu'un grand nombre de personnages du rang le plus élevé se rendirent

---

[1] MS C. Vita B. Odiliæ metro editæ, c. 6.

à Hohenbourg pour s'assurer du degré de véracité de ces récits ; les ayant trouvés inférieurs encore à la réalité, plusieurs d'entre eux aspirèrent à la main d'Odile [1].

Parmi ces divers prétendants se trouvait un jeune duc d'Allemagne, qui l'emportait autant sur ses rivaux, par ses richesses et la noblesse de son origine, que par ses avantages physiques et ses qualités personnelles. Adalric et Berswinde lui donnèrent leur consentement avec joie, et furent bientôt d'accord sur les conditions du mariage. Alors seulement on fit part de cette proposition à Odile ; mais notre sainte répondit à ses pa-

---

[1] MS. C. B. Odiliæ, cap 6, p. 10.

L'histoire du mariage projeté d'Odile, de la persécution qu'il lui fallut essuyer à ce sujet, de sa fuite et de son retour au château de Hohenbourg, n'est point racontée par son biographe contemporain, de l'œuvre duquel on ne conserve plus, à la vérité, que quelques fragments ; ni par l'auteur de l'Histoire Lombarde. Grandidier traite de roman ce récit rempli de circonstances merveilleuses. Cependant je ne crois pas pouvoir me dispenser d'en faire mention : parce qu'il a été accepté par la plupart des écrivains postérieurs, parce que les légendes d'Alsace et du Brisgau et la très ancienne chronique de Fribourg sont parfaitement d'accord sur ce point, et qu'enfin les lieux voisins de Fribourg, où les événements qu'on va lire se sont passés, dit-on, et où la tradition en est encore vivante, ont été fréquentés pendant bien des siècles par une foule de pèlerins.

rents, avec une respectueuse et inébranlable fermeté, qu'ayant déjà choisi en qualité de fiancé Jésus-Christ, le Roi des rois, elle ne pouvait prendre de nouvel engagement sans devenir parjure à sa conscience, quoiqu'elle n'eût point encore prononcé de vœux solennels.

Cependant l'union projetée flattait l'orgueil et l'ambition d'Adalric : il ne voulut point y renoncer, et, après avoir essayé inutilement de ramener sa fille à d'autres sentiments, il songeait à faire violence à ses inclinations, et à obtenir de la force ce qu'il n'avait pu gagner par la douceur et la persuasion. Odile, voyant qu'on se disposait à attenter à sa liberté, pensa que la fuite était la seule chance de salut qui lui restât. S'étant recommandée à Dieu et à la sainte Vierge, elle se couvrit de grand matin des haillons d'une pauvre mendiante, afin de ne point être reconnue, et, ainsi vêtue, elle sortit du château de Hohenbourg, et descendit la montagne par un ravin obscur et presque impraticable, sans que personne eût pris garde à elle [1].

La fuite d'Odile eut lieu en 679 [2]. Son projet, en s'éloignant du château paternel, avait d'abord été de se réfugier à Baume en Franche-Comté, et d'y finir ses jours au milieu des compagnes de son enfance ; mais ayant réfléchi que sans doute ce lieu serait le premier où l'on irait la chercher, elle résolut de se soustraire à tous les regards, et de mener à l'avenir une vie pénible et solitaire pour l'amour de son Rédempteur. — Elle se dirigea en conséquence vers le Rhin, et ayant rencontré au bord du fleuve un pauvre pêcheur, elle lui donna une petite pièce de monnaie afin qu'il la transportât sur le rivage opposé, dans son batelet [3].

Or Odile avait coutume de s'enfermer chaque

---

[1] Anführung der Wahlfarter auf den heiligen Odilienberg, etc., von P. Dionys. Albrecht, p. 80 et 277. Vie de sainte Odile de Peltre apud Dionys Albrecht, p. 170. Chronica Friburgensis.
[2] Ibid.
[3] Ibid.

jour, pendant plusieurs heures, pour prier et méditer. Personne ne s'étonna donc au château de ne point la voir paraître; on la croyait livrée à quelque exercice de dévotion, et elle avait fait plusieurs lieues déjà, lorsqu'enfin le bruit de sa disparition se répandit parmi les habitants consternés du manoir d'Adalric.

Le duc, désolé de la fuite de sa fille, rassembla aussitôt toute sa maison et ordonna à ses quatre fils de se mettre à la poursuite de leur sœur dans quatre directions différentes; en même temps il enjoignit à ses serviteurs d'explorer la contrée environnante [1]. Berswinde seule ne partageait point la désolation générale; elle eût été heureuse à la vérité du mariage de sa fille avec le duc d'Allemagne; mais la réponse d'Odile, les motifs de ses refus, le souvenir du miracle qui s'était opéré à son baptême, et la protection manifeste que le Ciel lui avait toujours accordée, lui

[1] Ibid.

firent croire que cette fois encore l'appui du Très-Haut ne manquerait pas à l'aînée de ses enfants.

Adalric partit lui-même de Hohenbourg à la tête de quelques écuyers, et, sans le savoir, il prit exactement la même route que sa fille[1]. Il arriva donc avec une extrême célérité au rivage du Rhin.

Là, on lui dépeignit une jeune mendiante dont les haillons ne pouvaient dissimuler l'air noble et l'extrême beauté, et qui, lui dit-on, s'était dirigée vers Fribourg (en Brisgau), après avoir passé le fleuve. Le duc, ne doutant point que cette mystérieuse mendiante ne fût Odile, se fit transporter également sur la rive opposée, avec ses hommes d'armes, et suivit notre sainte de si près, qu'à en juger par les apparences il était impossible qu'elle lui échappât. « Cependant, » ajoute la vieille chronique de Fribourg à laquelle nous devons ces détails, « la princesse, arrivée déjà en vue

[1] Ibid.

» de la ville, près du lieu appelé Muszbach, mais
» abîmée de fatigue et n'ayant plus de forces,
» avait été obligée de s'asseoir et de reprendre ha-
» leine; et elle venait à peine de remercier Dieu
» de l'avoir protégée durant son voyage, lors-
» qu'elle aperçut à quelque distance une troupe
» de cavaliers qui s'avançaient rapidement ;
» ayant alors reconnu son père et les personnes
» de sa suite, elle éleva les yeux au Ciel, de
» qui seul elle pouvait encore attendre du secours,
» et prononça avec ferveur les paroles suivan-
» tes : — Je suis perdue, mon Sauveur, chaste
» protecteur de ma virginité, si vous ne me faites
» la grâce de me céler à tous les yeux et de me
» couvrir de votre ombre. — Et aussitôt le Sei-
» gneur exauça cette ardente prière, voulant
» prouver ainsi que la fuite d'Odile et son dessein
» de vivre pour lui seul lui étaient souveraine-
» ment agréables ; car le rocher au pied duquel
» la sainte était assise s'ouvrit pour la mettre

» à l'abri de l'impétuosité de ses persécuteurs ;
» elle y entra, et Adalric arriva au moment où
» la pierre se refermait sur sa fille. Dès qu'il se
» fut éloigné, Odile reparut, et, afin que la pos-
» térité ne perdît point le souvenir d'un aussi
» grand miracle, Dieu fit couler du sein même
» de la roche une source salutaire et limpide.
» Cette fontaine, objet de la dévotion des fidè-
» les, est constamment visitée par de nombreux
» pèlerins, et la sainte elle-même y a fait cons-
» truire une chapelle en mémoire de sa déli-
» vrance.[1] »

Cependant Adalric était de retour à Hohen-bourg, et, habitué à la société de sa fille, ne pouvait supporter son absence ; il était plongé dans la tristesse et le découragement[2]. Des semaines, des mois s'étaient écoulés, et l'on n'avait plus eu

---

[1] MS. C. Vitæ B. Odiliæ, c. 6, p. 10 et 11, ex vetustiss. Chron. Friburg. etc. Anführungen der Wahlfarter auf den heiligen Odilienberg, etc., von Dionys. Albrecht, p. 39.

[2] Ibid.

de nouvelles de la fugitive [1]. Le duc se décida alors à faire publier dans ses États, au son de la trompe, qu'il s'engageait sur l'honneur à laisser à l'avenir Odile maîtresse absolue de ses actions, et libre de vivre d'une manière conforme à ses goûts, pourvu qu'elle consentît à revenir auprès de sa famille. Notre sainte, n'ayant plus alors de raisons pour demeurer loin de la maison paternelle, où elle pouvait d'ailleurs être appelée à travailler encore à la vigne du Seigneur, quitta sa retraite du Brisgau [2], et se rendit au désir de son père.

[1] P. Dion. Albrecht, loc. cit.
[2] Les chroniqueurs ne nous donnent pas de détails sur la manière dont Odile vécut dans le Brisgau ; ils se bornent à dire qu'elle y resta pendant un an, solitaire et mendiante.

CHAPITRE IX

> Ce n'est pas une petite chose de vivre dans un monastère ou dans une congrégation, de s'y conduire d'une manière irrépréhensible et d'y persévérer avec fidélité jusqu'à la mort.
> (*Imit.*, l. I, ch. xxvii, 1.)
>
> Vendez tout ce que vous avez et donnez-le aux pauvres, et vous aurez un trésor dans le ciel.
> (*Saint Luc*, xviii, 22.)
>
> Les lépreux s'écrièrent : — Jésus, notre maître, ayez pitié de nous.
> (*Saint Luc*, xvii, 13.)
>
> Et le vin venant à manquer, la mère de Jésus lui dit : — Ils n'ont plus de vin. (*St. Jean*, ii, 3.)

Les promesses d'Alric avaient été sincères, et il ne tarda pas à prouver à Odile que son intention était même de lui faciliter autant qu'il était en son pouvoir l'accomplissement de ses plus chères espérances.

« Car il était déjà décidé par la Providence di-
» vine que la lumière serait placée sur le chan-
» delier, et qu'elle éclairerait tous ceux qui en-
« treraient dans la maison, » dit l'auteur d'une
» ancienne chronique latine [1]; et Dieu avait ins-
» piré à Odile la résolution de fonder une commu-
» nauté de vierges nobles, afin qu'elles vécus-
» sent solitairement et d'une manière conforme
» aux conseils évangéliques. »

La sainte ouvrit son cœur à son père; elle lui représenta que l'Alsace, différente sous ce rapport des contrées avoisinantes, possédait déjà des couvents d'hommes; mais qu'elle ne renfermait encore aucune retraite pour les femmes qui voulaient renoncer au monde, retraite dont cependant l'existence était à la fois très utile et très agréable au Tout-Puissant [2]. Adalric écouta favo-

[1] Vie de sainte Odile écrite en latin, recueillie par Mabillon, apud Albrecht, p. 116, § II.
[2] Tous les couvents de femmes qui ont existé en Alsace dataient en effet d'une époque postérieure à sainte Odile. — Dionys. Albrecht, 7 te Lebensbeschreibung, c. 7. 1e. Anmerkung, p. 201.

rablement sa fille ; et, soit que sa proposition lui plût en elle-même, soit qu'il ne voulût pas contrarier les inclinations d'Odile, il lui fit, en l'année 680, le don solennel, et dans les formes usitées, du château de Hohenbourg avec ses vastes dépendances et ses immenses revenus [1], afin qu'elle convertît ce castel, jusqu'alors principal boulevard de l'Alsace, en un asile inviolable, destiné à de pieuses et nobles filles décidées à se consacrer entièrement à Dieu [2].

Odile fit donc venir un nombre considérable d'ouvriers, et leur ordonna d'abattre à Hohenbourg tous les bâtiments qui ne pouvaient pas servir à une communauté religieuse. La démolition ayant été achevée, l'on procéda à la construction du couvent. Ce fut l'œuvre de dix ans. Adalric pourvut généreusement à toutes les dépenses ; habituellement il dirigeait lui-même les ar-

---

[1] V. Note II, à la fin du volume.
[2] Vignier, Véritable origine, etc., p. 62. Manuscrit d'Obernai, p. 18.

chitectes, il leur avait enjoint de ne rien négliger de ce qui pouvait contribuer à la solidité, à la bonne distribution et à la beauté de l'édifice [1].

Aussitôt que le dessein d'Odile de former une communauté de femmes fut connu en Alsace, on vit arriver à Hohenbourg une foule de jeunes filles de race illustre, qui, renonçant au siècle, à leurs familles et à leurs biens terrestres pour l'amour du Seigneur, venaient prier la fille d'Adalric de les admettre au nombre de ses compagnes et de les diriger dans la voie du salut. L'on en comptait déjà cent trente avant même que le monastère fût achevé [2]. Dans leur nombre on remarquait Attale [3], Eugénie, et Gundelinde, filles d'Adalbert, frère de notre sainte [4], et Roswinde, sa propre sœur [5]. Toutes ces douces vierges sacrifiaient

[1] Ibid.
[2] Breviarii Argent. lectio, in festo D. Odiliæ MS. C. vitæ B Odilliæ metro scriptæ, c, 7.
[3] Attale devint plus tard première abbesse de St-Etienne à Strasbourg.
[4] V Note III, à la fin du volume.
[5] V Note IV, à la fin du volume.

sans regrets les joies de ce monde à l'espoir d'obtenir la vie éternelle ; elles écoutaient avec avidité les sages leçons de leur supérieure ; et les exemples d'Odile, *puissante en œuvres et en paroles*, achevaient ce que ses instructions avaient heureusement commencé. Ses actions étaient des modèles que chacune de ses compagnes s'empressait de suivre ; imitatrices parfaites de ses vertus, il leur était plus ordinaire de consulter ce qu'elle faisait que de lui demander ce qu'il fallait faire. Elles s'unissaient à Dieu par le silence, le recueillement et la prière ; le travail des mains et le chant des psaumes variaient leurs occupations, sans en altérer l'esprit intérieur. Ces pieuses filles, semblables aux premiers chrétiens dont parle l'Ecriture sainte, paraissaient n'avoir qu'un cœur et qu'une âme, quel que fût d'ailleurs le genre de prière, de mortification ou de travail que chacune d'elle préférât. L'esprit du mal ne pouvait franchir l'enceinte de cet asile sacré, habité par des femmes dont l'unique étude était d'égaler leur supérieure en humilité, en douceur, en piété, en renoncement à elles-mêmes. Rien de ce qui flatte les sens et amollit le corps n'était admis à Hohenbourg : Odile et ses filles se nourrissaient de pain d'orge et de légumes cuits à l'eau ; elles ne buvaient de vin qu'aux jours de fête, et passaient leurs nuits en veilles et en prières ; elles ne se permettaient quelques heures de sommeil que quand la nature épuisée l'exigeait impérieusement, et alors encore elles n'avaient d'autre couche qu'une peau d'ours et une pierre pour oreiller ; en un mot, elles n'accordaient au corps que ce qui est nécessaire pour la conservation de la vie [1].

Adalric éprouvait pour Odile un profond sentiment de respect, et voyait en elle un être placé sous la protection spéciale de la Divinité. L'ordre établi parmi la nombreuse communauté de Ho-

[1] Peltre apud Albrecht, p. 180 et 181, et omnes auct. in vita B. Odiliæ.

henbourg, la dévotion, le genre de vie rigide et saint de celles qui la composaient, et surtout leur inépuisable charité, le portèrent à combler le monastère de richesses. Non content de lui avoir donné son palais avec les domaines qui en dépendaient, et d'avoir fait une fondation à perpétuité pour cent trente demoiselles de noble race qui voudraient se retirer dans cette solitude, il établit en outre quatorze bénéfices pour les prêtres appelés à desservir les églises du couvent [1].

Odile, poussée par la plus ardente charité, avait voulu que l'accès de son abbaye fût libre, non seulement aux membres de sa famille et aux personnes d'un rang élevé qui venaient souvent s'entretenir avec elle des choses de Dieu, mais encore aux pauvres, aux malheureux, aux malades. Adalric, en faisant bâtir sa résidence sur les rochers de Hohenbourg, avait fait réparer les

[1] Ex litteris fundat. canon. præmonstrasti, 1178.

murs d'enceinte construits autrefois par les anciens habitants du pays. Leur hauteur ne permettait pas de les franchir, et dans plusieurs endroits l'escarpement d'un sol pierreux rendait l'ascension de la montagne à peu près impossible aux vieillards; la sainte fit tracer en conséquence des chemins faciles, et ordonna qu'ils fussent pavés de larges dalles. Dès lors les infortunés de toutes les classes de la société affluèrent au couvent : les pauvres venaient y chercher des secours temporels, les infirmes la guérison de leurs maux, les pécheurs des avis salutaires. Tous les malheureux, quels qu'ils fussent, étaient l'objet de la plus tendre affection d'Odile. « L'Évangile,
» répétait-elle sans cesse à ses compagnes,
» l'Évangile est la loi d'amour; l'amour est notre
» principe et notre destination; voilà pourquoi
» Notre-Seigneur a dit : Le commandement nou-
» veau que je vous apporte, c'est que vous vous
» aimiez les uns les autres, que vous vous

» aimiez comme je vous ai aimés, jusqu'à donner
» votre vie pour ceux que vous aimez. On recon-
» naîtra que vous êtes mes disciples à cela que
» vous vous aimerez les uns les autres. — Ain-
» si, mes filles, cherchons à imiter notre divin
» modèle, par la charité envers nos semblables. »
Celle d'Odile, nous le répétons, était sans bornes ; elle allait au-devant de toutes les misères ; la sainte ne se contentait pas de distribuer des aumônes, elle encourageait par de douces paroles ceux qui s'adressaient à elle, elle leur portait de la nourriture et des remèdes de ses propres mains, elle pansait les plaies les plus affreuses et les plus envenimées. Un écrit contemporain a transmis aux pèlerins qui de nos jours visitent le tombeau d'Odile le souvenir de ses vertus et des miracles éclatants par lesquels le Ciel voulut récompenser sa bienfaisance inépuisable [1], « Il
» advint un jour, dit cet écrit, qu'un homme

---

[1] Apud Dionys, Albrecht Apud Kœnigshofen.

» couvert d'une lèpre affreuse s'arrêta à la porte
» de Hohenbourg pour demander une aumône,
» en proférant les cris les plus lamentables;
» mais ce malheureux était hideux à tel point,
» et répandait une odeur si infecte, qu'aucun
» des serviteurs de la maison ne voulut l'appro-
» cher. L'un d'eux cependant alla en informer
» la sainte. Odile, après avoir préparé à la hâte
» la nourriture qu'elle croyait devoir convenir
» au malade, accourut auprès de lui pour le ser-
» vir. Malgré sa tendresse pour l'infortune et
» l'empire qu'elle exerçait habituellement sur
» ses sens, il lui fut impossible de réprimer le
» premier mouvement d'horreur que lui inspira
» la vue d'un être aussi dégoûtant. Cependant,
» honteuse de cette faiblesse, elle sut aussitôt
» la maîtriser, et, serrant affectueusement le lé-
» preux dans ses bras, elle fondit en larmes;
» puis elle rompit par petits morceaux les mets
» qu'elle avait apportés et les lui fit manger. En

» même temps aussi elle leva les yeux au ciel, et
» d'une voix pleine d'émotion elle s'écria : — Oh
» Seigneur, daignez lui rendre la santé, ou lui
» donner le courage nécessaire pour supporter
» de si grands maux. — L'humble prière fut
» aussitôt exaucée : la lèpre disparut, et une
» odeur agréable se répandit autour de l'étran-
» ger, de telle sorte que ceux qui, saisis de
» crainte, s'en étaient d'abord éloignés, ne pou-
» vaient maintenant se lasser de l'examiner, de
» le toucher, et d'admirer le miracle opéré sur
» lui[1]. »

Odile donnait du pain, du vin et de la viande à tous les pauvres qui se présentaient au monastère, elle ne voulait pas qu'un seul d'entre eux s'éloignât sans être rassasié. Les anciens chroniqueurs [2] rapportent tous à cette occasion un miracle plus éclatant encore que celui du lépreux.

[1] V. Vignier, Véritable origine, etc., p. 63.
[2] Omnes auctores in vita B. Odiliæ.

L'affluence des mendiants fut immense à Hohenbourg, et un certain jour de fête, disent-ils, on leur distribua tous les vivres du couvent et même la portion de vin destinée au repas de la communauté; Odile se trouvait dans l'église, lorsque la sœur chargée du soin de la cave vint l'avertir qu'il n'en restait plus pour le dîner de ses compagnes ; mais la supérieure, se tournant vers elle avec un doux sourire, lui répondit [1] : « Celui qui a rassasié cinq mille personnes avec
» cinq pains et deux poissons y pourvoira, si tel
» est son vouloir. N'oubliez pas, ma fille, que le
» Seigneur nous a dit de chercher d'abord le
» royaume de Dieu, et nous a promis qu'alors les
» autres choses nous seraient données en abon-
» dance ; allez donc au lieu où le devoir vous ap-
» pelle. » La sœur s'éloigna, et en effet lorsqu'à l'heure du repas elle descendit à la cave, elle y trouva tous les vases pleins d'un vin excellent.

[1] Lombardica Historia apud Kœnigshofen, p. 519.

CHAPITRE X

> Le royaume de Dieu est semblable à un grain de sénevé qu'un homme prit et qu'il sema dans son jardin. Ce grain poussa et devint un grand arbre, en sorte que les oiseaux du ciel vinrent se reposer sur ses branches.
> (*St Luc*, xi, 19.)
>
> Quiconque demande reçoit, et qui cherche trouve, et on ouvrira à celui qui heurte.
> (*St Luc*, xi, 20.)

Les deux chapelles bâties par le duc, en même temps que le château de Hohenbourg, étaient petites, et l'on n'y pouvait célébrer le service divin avec la pompe convenable; les compagnes d'Odile y trouvaient à peine place, et le peuple des villes et des villages environnants, qui se portait en foule à ce couvent pour assister à la célébration des saints mystères, était obligé de s'agenouiller devant la porte du sanctuaire. Notre sainte jugea qu'il était indispensable de construire un temple plus vaste, et Adalric, pour qui les moindres volontés de sa fille étaient sacrées, fit aussitôt amener les pierres et les bois nécessaires.

L'église nouvelle fut achevée vers l'année 690 ; deux tours carrées, de forme pyramidale, s'élevaient à côté du grand portail. La supérieure voulut que l'édifice fût consacré à la très sainte Vierge Marie [1], sa patronne d'adoption, et le modèle sur les traces duquel elle s'efforçait de marcher ; et, non contente de témoigner ainsi de sa profonde dévotion pour la mère du Sauveur, elle plaça également sous son invocation une chapelle latérale [2], qu'elle appela l'*Oratoire de la Mère de Dieu*. C'est là qu'elle aimait à se réfugier

[1] Anführungen der Wahlfarter, etc. V. Dionys. Albrecht, p. 25 et 65. V. Ex testamento S. Odiliæ, et bulla S. Leonis papæ, ex confirmationis instrumento Lud. I. Rom. imp., anno 837.
[2] MS. C. Vitæ B. Odiliæ, c. 8, f. 23. Manuscrit d'Obernai, p. 82.

dans les peines d'esprit, dans les tribulations, dans les anxiétés et les moments de sècheresse. La seconde chapelle construite par Odile fut celle de la Sainte-Croix ; elle était à quelques pas seulement de celle de la Vierge.

Le souvenir des grâces que la fille d'Adalric avait reçues à l'époque de son baptême la décida à élever également une chapelle en l'honneur de saint Jean-Baptiste. Toutes les chroniques d'Alsace [1], d'accord sur ce point, rendent compte dans les termes suivants des miracles qui eurent lieu à l'occasion de la fondation de ce nouvel édifice :

« Odile n'avait pas encore choisi l'emplace-
» ment de la chapelle de Saint-Jean, et ne savait
» auquel donner la préférence : agitée et inquiète
» à ce sujet, elle sortit du couvent au milieu de
» la nuit, et alla s'agenouiller au pied d'un
» grand rocher, où elle resta longtemps plongée

---

[1] De même aussi l'histoire Lombarde. Apud Kœnishofen, p. 518. V. Gebwiller apud Schuttenheimer, p. 48.

» dans une profonde méditation. Alors elle se
» vit soudainement entourée d'une éclatante lu-
» mière, au milieu de laquelle apparaissait la
« figure radieuse du précurseur de Notre-Sei-
» gneur, vêtu d'étoffe de poil de chameau, tel
» qu'il était lorsqu'il prêchait dans le désert.
» Jean désigna à la sainte le lieu où elle devait
» élever l'édifice qu'elle voulait lui consacrer, et
» détermina en même temps les dimensions de la
» nouvelle chapelle.

» Or Eugénie [1], nièce d'Odile, veillait cette
» même nuit, et étant sortie du cloître pour con-
» naître l'heure d'après le cours des astres, elle
» aperçut une clarté éblouissante dont elle s'ap-
» procha; elle fut saisie d'effroi en voyant sa
» mère spirituelle au milieu de cette lueur; mais
» le précurseur du Christ lui resta invisible, et
» elle n'entendit point ses paroles. Odile défen-
» dit à sa nièce de parler de cette miraculeuse

---

[1] Anführungen, etc., Dionys. Albrecht, p. 155. Et P. Hugues Peltre.

» aventure avant qu'elle eût terminé elle-
» même son pèlerinage terrestre ; et, pleine de
» joie, elle rassembla dès le lendemain des ou-
» vriers afin d'obéir aux paroles de saint Jean.

» Il arriva pendant l'érection de cette chapelle
» qu'une voiture très grande et chargée de pierres
» de construction tomba, avec les quatre bœufs
» qui la traînaient, d'une hauteur de plus de
» soixante-dix pieds. Témoins de cette chute,
» les valets et les serviteurs d'Adalric s'em-
» pressèrent de courir pour rassembler les dé-
» bris au bas de la montagne et pour achever
» les bœufs afin d'en manger la chair ; mais
» grande fut leur surprise lorsqu'ils y trouvèrent
» la voiture encore chargée et intacte, l'attelage
» se disposant paisiblement à reprendre le che-
» min du couvent, bien qu'il fût sans conduc-
» teur [1]. »

---

[1] Anciens bréviaires des évêchés de Bâle, Constance, et Strasbourg. P. Peltre, Vie de Sainte Odile apud D. Albrecht, p. 177. Vita S. Odiliæ apud Mabillon.

La construction de la petite église de Saint-Jean fut terminée vers l'automne de l'année 696. Aussitôt on s'occupa des préparatifs de sa consécration; « et la veille du jour où elle devait s'ac-
» complir, — ajoutent nos historiens,—la pieu-
» se fondatrice s'enferma dans la chapelle, afin
» d'y passer la nuit en prières ; elle vit alors le
» princes de apôtres, entouré d'un chœur d'an-
» ges, qui venait lui-même accomplir la cérémo-
» nie [1]. » Depuis lors, l'anniversaire de cette nuit fut toujours pompeusement célébré à Hohenbourg, et la chapelle porta indifféremment les noms de *Johannis Bett Haus* et de Chapelle miraculeuse. Plus tard on lui donna encore ceux de *Sacrarium* et de Sainte-Odile; le premier, parce que la sainte y déposa la cassette de reliques qu'Erhard lui avait donnée au moment de son baptême ; le second, parce qu'elle y fut enterrée elle-même [2].

[1] MS. C. Vitæ Odiliæ metro editæ, ch. 8. Gebwiler apud Schuttenheimer, p. 48. P. H. Peltre, c. 8.

[2] Le bénéfice de l'autel de cette chapelle reposait sur la terre de Krautergersheim. V. Anführungen, etc. V. Dionys. Albrecht. p, 35.

Odile fit ensuite réparer l'ancienne église bâtie par son père, et éleva encore deux autres chapelles, à savoir celle qui prit plus tard le nom de *Chapelle des Larmes* [1] (Zæhren Capelle) et la *Chapelle suspendue* [2], ainsi appelée parce qu'elle était bâtie sur une masse de rochers et dominait à pic un précipice profond [3]. Ces différents édifices étaient comme autant de stations où la supérieure et ses compagnes venaient méditer dans le silence et la solitude.

Adalric et Berswinde, fatigués des grandeurs et de la puissance, s'étaient retirés auprès de leur fille au couvent de Hohenbourg. Fort avan-

---

[1] Nous expliquerons en son lieu l'origine de ce nom.

[2] On la nomma aussi chapelle des Anges, parce qu'elle était placée sous l'invocation des esprits célestes.

[3] Le comte Hugues et Roswinde, frère et sœur d'Odile, furent inhumés par la suite dans cette chapelle, aux deux côtés de l'autel. Odile fit tailler dans le roc contre lequel s'adossait la chapelle un sépulcre qui avait en creux la figure d'un corps humain. On y déposait successivement les cadavres des religieuses ; ils y restaient jusqu'à ce que les chairs fussent consumées ; alors les os étaient transportés dans des caveaux disposés à cet effet, des deux côtés de la nef. Notre sainte y ensevelit de ses propres mains 135 religieuses. Elle avait coutume de rendre elle-même les derniers devoirs à toutes celles qui mouraient dans le couvent. Manuscrit d'Obernai, p. 33.

cés en âge tous deux, ils n'avaient plus qu'une pensée, celle de se préparer à la mort par de bonnes œuvres et des prières. Le duc, violent et dur par caractère, avait souvent oublié jadis, dans ses emportements, les devoirs essentiels de la religion, pour laquelle cependant il éprouvait les sentiments du plus profond respect. Il lui restait donc beaucoup de fautes à expier devant Dieu et beaucoup de scandales à réparer devant les hommes.

Tandis qu'Adalric pratiquait toutes les vertus qui forment les saints pénitents, il fut atteint d'une grave maladie; Odile comprit aussitôt que la dernière heure de son père était proche, et dès ce moment elle ne quitta plus le chevet du vieillard, voulant non seulement lui donner les soins physiques que son état exigeait, mais surtout le consoler, l'encourager et le préparer à une fin chrétienne. Le témoignage de l'anonyme contemporain est formel à cet égard : *Consolante eum et roborante beata Odilia*, dit-il [1]. Elle recueillit son dernier soupir, et lui ferma les yeux, le 20 février [2]. Témoin de la douleur que son père avait témoignée de ses péchés et de sa résignation dans ses derniers moments, notre sainte espérait en la miséricorde de Dieu ; et, pleine de confiance en ces paroles du Sauveur : « Je vous le dis en vérité, » ce que vous demanderez à mon père en mon » nom ne vous sera pas refusé, » elle s'imposa les plus dures mortifications, et ne cessa de prier et de verser des torrents de larmes pour le soulagement de l'âme d'Adalric, dans la chapelle à laquelle cette circonstance fit donner ensuite son nom [3] ; « mais le cinquième jour [4], tandis que pros- » ternée au pied des autels, elle suppliait hum-

---

[1] Vignier, Véritable origine, etc.

[2] L'année de la mort d'Adalric est inconnue ou au moins diversement indiquée par les différents auteurs ; c'était entre 690 et 700.

[3] Anführungen der Wahlfarter, etc. Von Dionysius Albrecht, p. 173 et seqs.

[4] Hugo Episcopus Ptolemaidis in Annal ord. Præm., t. II, lit. O, verb. *Odilia*. Corvæus, S. Odiliæ vitæ scriptor. P. H. Peltre in vita S. Odiliæ, c. 10. Vie de sainte Odile écrite en latin, tirée de Mabillon. Apud Albrecht, p. 116 et 117. Vignier, Véritable origine, etc. MS. C. Vitæ B. Odiliæ metro editæ, ch. 2. Lombardica Historia apud Kœnigshofen, p. 517.

» blement le Tout-Puissant de mettre fin aux
» souffrances de l'auteur de ses jours, la bonté
» divine voulut la consoler dans son affliction ;
» une lumière du Ciel vint l'éclairer, et elle
» entendit ces mots : — Odile, cesse de pleurer,
» car tu as obtenu la rémission des péchés de ton
» père; voilà qu'il est délivré des peines du pur-
» gatoire, et les anges le conduisent au chœur des
» patriarches : *Odilia, noli flere, remissionem*
» *peccatorum patri tuo impetrasti. Ecce ab in-*
» *ferno* [1] *liberatus, in choro patriarcharum col-*
» *locandus ab angelis ducitur.* »

Odile alors s'écria : « Je vous rend grâces, ô
» mon Dieu ; car vous m'avez exaucée, quoique
» j'en sois indigne; mais votre miséricorde est
» infinie. »

Les légendes populaires, s'appuyant sur le témoignage de divers chroniqueurs, ont jeté un

---

[1] Le mot *infernus* est souvent employé pour le Purgatoire, notamment dans les psaumes de David. (V. S. Thomas d'Aquin.)

vernis plus merveilleux encore sur les traditions qui se rattachent à sainte Odile; et aujourd'hui elles circulent en Alsace et se conservent de génération en génération dans les villages groupés autour de la vaste base du mont de Hohenbourg. L'une de ces légendes convertit les larmes de la sainte en une source limpide que les campagnards affligés de cécité ou de maladies d'yeux visitent dans l'espoir d'y trouver un remède à leurs maux. Il en est une autre d'après laquelle les pleurs d'Odile ont perforé le rocher. La troisième lui fait voir, à elle et à toute sa communauté, son père Adalric guidé par le prince des apôtres en costume sacerdotal, et porté au ciel par un chœur d'anges [1]. Plus on avance dans la vie d'Odile, plus aussi le

---

[1] Ce dernier miracle est rapporté par l'anonyme contemporain. Aussi Conrad, évêque de Strasbourg, dans ses lettres de 1192 ; Catherine de Stauffenberg et Susanne de Hohenstein, abbesses de Hohenbourg, en 1313 et 1485, donnent à Adalric la qualité de saint. Ce titre se trouve encore dans plusieurs monuments du xiv⁰ siècle; l'on doit remarquer également que la fête de ce prince était au nombre de celles qu'on célébrait à Hohenbourg, et que ses reliques étaient conservées et vénérées à Eberheim-Münster, qu'il avait fondé. — Cependant jamais le chef de l'Église n'a prononcé sur cette question.

nombre de ces brillantes légendes augmente, plus ses jours sont marqués par des actes de bienfaisance et des miracles.

Berswinde ne survécut que neuf jours à son époux; elle mourut subitement tandis qu'elle était en prières dans la chapelle de Saint-Jean ; *sine ullo morbo, cum esset in sacello S. Joannis,* dit l'anonyme comtemporain [1].

Les descendants du duc et de la duchesse se réunirent à Hohenbourg pour déplorer le double malheur qui venait de les frapper. L'on fit un magnifique service funèbre en l'honneur des vénérables donataires de l'abbaye ; la population entière de l'Alsace, qui ne se souvenait plus que des bienfaits d'Adalric et pleurait des princes sous le gouvernement desquels elle avait été heureuse, afflua au couvent ; et les chroniqueurs rapportent que les larmes et le deuil universel auraient fait croire que dans chaque famille on re-

[1] V. Vignier, Véritable origine, etc.

grettait des parents chéris. Les fils d'Adalric firent répandre à cette occasion de très abondantes aumônes. On déposa les corps dans la chapelle de la Vierge, en un lieu que les défunts avaient désigné à l'avance comme devant être celui de leur sépulture. C'est là que les pèlerins vinrent prier sur la tombe du duc et de la duchesse jusqu'en l'année 1617, alors que ce qui restait de leurs dépouilles fut transféré dans la chapelle des Anges [1].

Adalric, malgré ses grandes libéralités envers l'Église, laissa ses enfants en possession de domaines immenses.

Etton ou Etichon, l'aîné de ses fils, duc du Brisgau et comte d'Argovie, est l'auteur des maisons d'Egisheim et de Lorraine [2].

[1] Fort longtemps déjà avant cette époque, la majeure partie des ossements d'Adalric avait été déposée dans l'église de l'abbaye d'Eberheim-Münster, ainsi que nous l'avons dit plus haut.

Le sarcophage d'Adalric et de Berswinde a été transporté dans la chapelle de la Croix en 1753.

[2] Ruyr., ch. xv. Etton mourut en 720. Quelques auteurs le regardent comme le cadet des fils d'Adalric; ce point n'a jamais été éclairci.

Adelbert, le second, fut mis en possession des duchés d'Alsace, de Souabe, et du Sundgau; il est la souche des maisons de Habsbourg et de Zæhringen[1].

Hugues, le troisième, porta le titre de comte d'Alsace, mourut avant son père, et laissa trois fils, qu'il avait eus de sa femme Hermandrude. L'aîné, Remigius, fut abbé de Saint-Grégoire au Val-de-Münster, puis évêque de Strasbourg en 776. Il était grand ami de Charlemagne et bâtit le célèbre couvent de femmes d'Eschau[2]. Les deux autres, Bléon et Bodale, obtinrent de vastes seigneuries en Alsace. Ce dernier fonda le village de Blodesheim[3]. Ses filles Adale et Rodune furent successivement abbesses d'Eschau, qu'elles dotèrent de grands biens.

Batachon, le cadet des fils d'Adalric, devint

[1] Il mourut en 722, laissant deux fils, Eberhard, duc de Souabe, et Maso, seigneur du Sundgau, et fondateur du couvent de Marmoutier. (Masonis monasterium.)
[2] V. note V, à la fin du volume.
[3] Shœpflin., Als. III, t. I, p. 786.

seigneur du Val-de-Villé et de Limbourg ; sa descendance et celle de Hugues s'éteignirent dès le huitième siècle.

Plusieurs auteurs [1] ont donné à Adalric un cinquième fils, nommé Adalard, père d'Eugénie, d'Attale et de Gundelinde, qui, suivant d'autres écrivains, sont filles d'Adelbert.

Quant à Roswinde, nous savons déjà qu'elle avait renoncé au monde pour vivre à Hohenbourg sous la direction de sa sœur [2].

Nos historiens nous apprennent qu'après la mort de ses parents, Odile continua de vivre dans les rapports les plus intimes avec les différents membres de sa famille ; elle les voyait habituellement, travaillait sans cesse à leur sanctification ; et, d'après ses conseils, ils fondèrent un grand nombre d'églises et de couvents, qui, pendant les âges barbares, sont devenus les

---

[1] Mabillon, Benedict., part. II, p. 448, n° 19.
[2] Vignier, Véritable origine, etc., p. 60.

lieux de refuge des sciences, des lettres et des arts; et qui durant une longue suite de siècles ont contribué puissamment à la prospérité de l'Alsace. Voici ce qu'on lit à ce sujet dans l'anonyme contemporain [1] : « Frequentes veniebant
» ut a beata sorore verba vitæ acciperent; nec
» frustra. Post aliquot enim annos præfatos du-
» ces ita Domino subjugavit, ut non tantum illi
» bona sua fundandis monasteriis impenderent,
» sed et illius nepotes.... omnes enim se Dei
» servitio, tam masculi quam fœminæ, abjecto
» sæculi fastu, mancipaverint. Inter quos Ebe-
» rardus, Alberici comitis filius, qui, licet leone
» et urso ferocior, aliquando in servos Dei sæ-
» vierit, et bona nostra usurpaverit, tamen fa-
» vente Deo, et per merita beatæ Odiliæ, non
» tantum arrepta restituerit, sed et de suo lar-
» giter constituit habenda. »

[1] Apud Vignier, Véritable origine, etc.

CHAPITRE XI

> Vous devez vous souvenir que vous êtes venu pour obéir et non pas pour commander ; que votre état vous oblige à souffrir, à travailler, et non pas à causer ou à vivre dans l'oisiveté. — C'est donc dans les monastères qu'on éprouve les hommes, comme l'or dans la fournaise. C'est là que nul ne peut subsister, s'il n'est résolu de s'humilier de tout son cœur pour l'amour de Dieu.
> (*Imit.*, l. I, chap. XVII, 3.)
>
> Heureux ceux qui sont miséricordieux, parce qu'ils seront traités avec miséricorde !
> (St *Matthieu*, v, 7.)

Les bâtiments de Hohenbourg, l'Église et les chapelles étaient achevés, et toutes ces constructions matérielles paraissaient n'être que l'emblème de l'édifice intérieur que la fille d'Adalric élevait dans son cœur et dans ceux de ses sœurs.

Quoiqu'elles ne fussent encore astreintes à aucune règle écrite, la conduite de notre chère sainte leur servait de règle vivante ; et cette règle disait tout, s'étendait à tout, n'omettait rien. Après la mort de ses parents, l'on eût dit qu'Odile voulût en quelque sorte redoubler de zèle dans l'exercice de ses fonctions. Jamais sa sainteté ne s'était montrée sous de plus aimables couleurs ; ses compagnes, animées des mêmes sentiments, se livraient avec joie et simplicité de cœur au travail, à la prière, à la mortification des sens, aux abstinences, aux jeûnes, aux austérités secrètes; elles avaient acquis à un éminent degré la science si difficile du renoncement à soi-même. Toutefois le silence et la solitude qui régnaient à Hohenbourg ne relâchaient en rien les liens de charité qui devaient unir ces pieuses filles entre elles ; elles s'aimaient mutuellement en Jésus-Christ, elles supportaient en esprit de paix leurs défauts réciproques, s'instruisaient les unes les autres et se reprenaient lorsqu'il en était besoin ; mais elles le faisaient sans fiel, sans humeur, et avec une douceur qui prouvait qu'en agissant ainsi leur seul mobile était l'amour de Dieu et du prochain [1].

Odile, voyant la communauté dans d'aussi heureuses dispositions, jugea qu'il était temps de lui imposer une forme d'institution à suivre à l'avenir, pour obvier soit à l'inconstance du cœur humain, soit à une ferveur outrée qu'il serait difficile de soutenir. Elle réunit donc toutes ses filles autour d'elle, et, après avoir invoqué l'assistance du Saint-Esprit, elle leur demanda si à l'avenir elles prétendaient s'astreindre à la vie de nonnes proprement dite ou à celle de chanoinesses [2].

L'existence austère que les compagnes de notre sainte lui voyaient mener, et le zèle ardent

---

[1] Manuscrit d'Obernai, p. 36.
[2] Historia Lombardica apud Kœnigshofen, p. 518.

dont elles étaient toutes animées, les portaient à préférer unanimement la vie religieuse telle qu'on la voyait pratiquer aux nonnes d'alors et à quelques monastères de femmes des diocèses voisins [1]; mais Odile leur répondit avec douceur [2] : « Je n'ignore pas, mes chères filles,
» que vous êtes disposées à porter avec joie
» toutes choses pour l'amour du Seigneur, et je
» sais aussi que les plus grandes austérités ne
» doivent point effrayer les servantes d'un Dieu
» crucifié; mais la situation de notre établisse-
» ment demande un travail que nos successeurs
» ne pourront peut-être pas soutenir; c'est à
» grande peine que nous parvenons à nous pro-
» curer la quantité d'eau nécessaire à notre con-

---

[1] Plusieurs chroniqueurs bénédictins ont affirmé d'après cela que la communauté de Hohenbourg avait adopté et suivi la règle de saint Benoît. Mais aucun ancien monument (et il en existe un du VII siècle) ne représente sainte Odile en costume de Bénédictine, ni la tête rasée ; ils la montreront au contraire avec des cheveux longs, tressés, et pendants jusqu'aux genoux.

V. Laguille, Histoire d'Alsace, t. I, liv. VII, p. 84 et 402. V. note VI, à la fin du volume.

[2] Ibid. Laguille, Histoire d'Alsace, liv. VII.

» sommation : mettons donc des bornes aux aus-
» térités qui accableraient le corps ; mais n'en
» mettons aucune aux pratiques qui purifient
» et sanctifient le cœur. La vie canonique
» me paraît préférable à tout autre institut,
» dans les circonstances où nous nous trou-
» vons. »

La communauté entière ayant approuvé ces paroles, la sainte s'agenouilla et dit encore [1] : « Seigneur, je vous remercie : vous m'avez jugée
» non d'après mes mérites, mais d'après votre
» bonté infinie; vous m'avez délivrée de la cécité
» lors de mon baptême; par vous j'ai été com-
» blée de biens; protégez maintenant l'assem-
» blée que vous m'avez appelée à diriger, dé-
» tournez d'elle les tentations, afin que toutes
» nous vous servions constamment avec des
» cœurs et un esprit purs. » Et, depuis ce jour, la communauté de Hohenbourg fut soumise à une

[1] Ibid.

règle fixe[1], et Odile grandit encore en vertus et s'éleva, semblable au sapin qui balance avec majesté sa cime dans les airs.

Pendant longtemps l'accès difficile de Hohenbourg avait empêché les vieillards et les infirmes de parvenir jusqu'à Odile ; et les plus dignes de pitié précisément étaient alors ceux qui pouvaient le moins jouir de ses bienfaits. La charité de notre sainte avait trouvé moyen d'obvier à cet inconvénient, en faisant bâtir au pied de la montagne, et du côté du midi, un vaste hospice avec une chapelle placée sous l'invocation de saint Nicolas, évêque de Myre [2]. Berswinde, qui alors vivait encore, animée du même zèle que sa fille, s'était associée à cette fondation et avait abandonné les revenus de son bourg de Bersch pour subvenir à l'entretien des pauvres [3]. A partir de

---

[1] On croit qu'elle était tirée des constitutions de saint Augustin, de saint Benoît et de saint Colomban. V. encore note VI, à la fin du volume.

[2] Suivant quelques auteurs l'hospice était consacré à saint Martin.

[3] P. Hugues Peltre, c. 9, p. 72.

ce moment, les pèlerins, les chrétiens malheureux et malades avaient été soignés avec la plus touchante affection à l'hospice de Saint-Nicolas ; et Odile, non contente d'avoir assuré le soulagement de ceux qui souffraient, s'était imposé l'obligation de faire pour eux, dans le nouvel établissement, tout ce qu'elle faisait sur le sommet de la montagne. Chaque jour elle descendait à Saint-Nicolas, et ce chemin, qu'elle avait trouvé trop rude et trop escarpé pour les autres, lui semblait doux et facile lorsqu'il s'agissait d'aller au-devant de l'infortune. L'amour surnaturel du prochain lui allégeait toutes les peines ; jamais elle ne quittait l'hospice sans avoir visité chacun des malades en particulier, sans leur avoir donné ses soins et distribué ses aumônes avec une tendresse que le christianisme seul peut inspirer.

Les compagnes de notre chère sainte partageaient avec elle ses travaux charitables, et toute la communauté de Hohenbourg aimait le lieu frais et solitaire où s'élevait l'hospice ; l'eau s'y trouvait en grande abondance, et comme on en manquait au couvent, et que d'ailleurs la grande affluence des malades exigeait qu'on leur donnât jour et nuit les soins les plus assidus, les Sœurs demandèrent à leur supérieure de faire bâtir un second cloître dépendant du premier, tout auprès de Saint-Nicolas.

Odile y consentit ; tandis qu'elle était occupée à surveiller les architectes du nouveau bâtiment, un vieillard vint à elle, portant trois rameaux de tilleul [1] : « Femme, lui dit-il, prends
» ces branches et plante-les ; elles prospèreront
» pour l'amour de toi, et après bien des siècles
» encore les fidèles viendront s'asseoir sous leur
» ombrage. » L'étranger disparut lorsqu'il eut

---

[1] Lombardica Historia apud Kœnigshofen, p. 518, et Vie de sainte Odile tirée de Mabillon apud D. Albrecht, p. 118, et D. Albrecht, p. 220, et. Anführungen der Wahlfarter, etc. D. Albrecht, p. 108, et Gebwiller, p. 52. Apud Schuttenheimer.

prononcé ces paroles ; la supérieure alors fit faire trois fosses. Plusieurs personnes lui déconseillaient de planter des tilleuls, arbres qui attirent ordinairement des insectes malfaisants ; mais elle affirma que rien de semblable n'arriverait en cette occasion. Elle planta le premier rameau au Nom du Père, le second au Nom du Fils, et le troisième au Nom du Saint-Esprit ; et en effet bien des générations successives se sont reposées aux pieds des tilleuls d'Odile, conformément à la promesse du vieil étranger. Lorsque le second monastère fut achevé [1], Odile lui donna le nom de *Nieder-Münster* (Bas-Moutier), et y établit la moitié de la communauté de Hohenbourg, tout en conservant la direction des deux maisons. Elle désigna pour habiter le nouveau couvent celles de ses compagnes qui montraient le plus de zèle pour les malades et le plus d'aptitude pour les soigner ; beaucoup de femmes originaires de contrées loin-

---

[1] Il paraît que ce fut vers l'an 718, ou 720 au plus tard.

taines et attirées en Alsace par la réputation de sainteté de la fille d'Adalric se trouvaient dans leur nombre, elles continuèrent à vivre à Nieder-Münster comme elles avaient vécu à Hohenbourg, soumises à la même règle et sans rien changer à leurs habitudes austères. « On pouvait
» avec raison, dit le père Hugues Peltre [1], com
» parer ces deux cloîtres à deux arbres qui crois-
» sent séparément hors de terre, mais qui tirent
» leur subsistance d'une seule et même racine [2]. »

Odile, devenue âgée et infirme à la suite des terribles mortifications auxquelles elle se soumettait, continuait cependant à descendre tous les jours la montagne de Hohenbourg et demeurait de préférence dans celui des couvents où elle jugeait sa présence le plus utile. [3] Mère de tous

---

[1] Apud D. Albrecht, p. 185.

[2] Le couvent de Nieder-Münster a été pendant une longue suite de siècles en possession d'une croix célèbre, et qui y est arrivée d'une manière miraculeuse au rapport des anciens historiens. (V. note VII, à la fin du volume.)

[3] Ibid.

les infortunés, et cherchant, comme unique délassement à ses travaux, les occasions de faire le bien, ni les frimas, ni les pluies et les vents impétueux de l'automne, ne l'empêchaient de se rendre à son hospice : c'était là son lieu de délices ; c'était là qu'elle pouvait remplir, comme il convenait à son cœur, le rôle touchant et sublime de consolatrice. Elle avait coutume de dire : « Jé-
» sus-Christ nous donne les pauvres pour nous
» tenir sa place; en les soignant, c'est le Sauveur
» même que nous servons en leurs personnes. »
Les maladies contagieuses même n'arrêtaient jamais son zèle ; et ses compagnes, l'imitant à l'envi, apprenaient d'elle à connaître le bonheur le plus pur, celui que l'on goûte en exerçant la charité. L'Alsace entière bénissait le nom d'Odile, qu'on voyait occupée tour à tour à soigner l'humanité souffrante, à guider ses filles spirituelles dans le chemin de la vertu, à instruire des sublimes vérités de l'Evangile les fidèles que sa haute répu-

tation faisait affluer à Hohenbourg, ou enfin à veiller aux détails matériels de l'entretien des cloîtres, des églises et des chapelles.

Les chroniqueurs racontent [1] qu'Odile, accablée par le poids des ans, remontait un jour seule de Nieder-Münster à Hohenbourg, lorsqu'elle aperçut, couché sur le milieu du chemin, un vieillard mourant de soif et qui paraissait près de rendre le dernier soupir. La sainte essaya de le soulever ; mais, faible elle-même et incapable d'assister le moribond, elle mit sa confiance en la miséricorde divine. Se rappelant, après une fervente prière, ce que Moïse avait fait jadis, l'Esprit lui inspira de frapper de son bâton une roche voisine ; une source abondante en jaillit aussitôt, et cette eau salutaire rendit la santé au malheureux pèlerin. [2]

---

[1] M S. C. Vitæ B. Odiliæ metro scriptæ, ch. 12. MS. C. Vitæ B. Odiliæ, ch. 10, f. 15. Gebwiller.

[2] Cette source est aujourd'hui encore l'objet d'une haute vénération, et on lui a dû un grand nombre de guérisons miraculeuses.

Gebwiller. — Valentinus Leichtius, in Viridario illustrium miraculorum,

CHAPITRE XII

> Alors le Roi dira à ceux qui seront à sa droite : Venez, vous qui êtes bénis de mon père, possédez le royaume qui vous a été préparé dès le commencement du monde : car j'ai eu faim, et vous m'avez donné à manger; jai eu soif, et vous m'avez donné à boire; je n'avais point de logement, et vous m'avez logé; j'étais nu, et vous m'avez revêtu; j'étais malade, et vous m'avez visité ; j'étais en prison, et vous êtes venus me voir... Je vous le dis en vérité, autant de fois que vous avez rendu ces devoirs à l'un des moindres de mes frères que vous voyez, c'est à moi-même que vous les avez rendus.
> (*St Matth.* xxv, 34, 35, 36, 40.)
>
> Dieu vous fera entrer avec une riche abondance de mérites dans le royaume éternel de Jésus-Christ, notre Seigneur et notre Sauveur.
> (II *Ep. Pierre*, chap, I. 11.)

Cependant Odile était mûre pour le ciel. Soit

---

cum pluribus aliis vitæ scriptoribus. Anführungen der Wahlfarter. etc., von D. Albrecht, p. 57.

que l'état de sa santé le lui annonçât, soit aussi que Dieu lui eût donné un secret pressentiment de sa fin prochaine, elle réunit le 13 décembre, jour de la fête de sainte Luce, ses compagnes dans la chapelle de saint Jean-Baptiste, qui lui servait habituellement d'oratoire ; et, après les avoir engagées à ne point s'affliger outre mesure de ce qu'elle avait à leur dire, elle leur annonça avec douceur qu'elle était arrivée au terme de son pèlerinage terrestre, et que son âme, prête à quitter sa prison de boue, allait jouir enfin de la liberté que Dieu avait promise à ses enfants.

Puis, la sainte abbesse les exhorta à demeurer fidèles au Seigneur, à ne se relâcher en rien de la ferveur qu'elles avaient fait paraître sous sa conduite, à repousser toujours de toutes leurs forces les tentations de l'ange des ténèbres, et à soumettre entièrement leurs volontés à celle du Tout-Puissant : « C'est, leur dit-elle, [1] de cette sou-

---

[1] Ibid. Manuscrit d'Obernai, p. 42 et 43.

» mission que dépendra votre salut; gardez-vous
» de l'orgueil et de l'égoïsme, qui consistent à
» abuser de la liberté que Dieu vous a donnée,
» et à préférer votre propre vouloir aux lois de
» l'éternelle Sagesse; souvenez-vous que le temps
» est court, et la grâce toujours prête à secourir
» les cœurs humbles dans les épreuves ; ayez de
» la foi, priez à l'heure de la tentation, et vous
» vaincrez l'ennemi du genre humain : l'éterni-
» té bienheureuse est ouverte à la persévérance.
» Soyez unies les unes avec les autres de la vé-
» ritable union des cœurs, mes chères filles; vi-
» vez toujours dans la simplicité, la sincérité et
» l'humilité ; et travaillez sans cesse à votre per-
» fectionnement et à l'union de vos âmes avec
» Dieu. Ne faites état que des choses qui peu-
» vent servir à votre salut. N'oubliez jamais
» qu'un jour vous vous trouverez dans la situa-
» tion où vous me voyez à présent, et qu'il vous
» faudra rendre le compte le plus exact de tou-

» tes vos pensées et actions jusqu'aux moindres.
» Ainsi vous obtiendrez les grâces que je supplie
» humblement la miséricorde divine de verser
» avec abondance sur vous toutes. »

Pendant qu'Odile parlait ainsi, ses trois nièces, Attale, jadis chanoinesse à Hohenbourg, et maintenant abbesse de Saint-Etienne à Strasbourg, Eugénie et Gundelinde versaient des torrents de larmes ; mais notre chère sainte, voyant cette profonde douleur, se tourna vers elles, et leur dit :

« Ne pleurez point ainsi, filles bien-aimées, car
» vos larmes ne sauraient prolonger mon exis-
» tence ici-bas ; allez toutes dans la chapelle de
» la bienheureuse Mère de Dieu, priez ensemble,
» récitez les psaumes, et demandez pour moi la
» grâce d'une bonne mort [1]. »

Dès que la communauté eut quitté Odile pour obéir à ses ordres, la sainte tomba en léthargie, et

---

[1] MS. C. Vitæ B. Odiliæ metro editæ. ch. 12. Manuscrit d'Obernai, p. 43.

en même temps elle eut une extase pendant laquelle elle commença déjà à goûter les célestes joies [1].

Ses compagnes, la trouvant en cet état lorsquelles sortirent de la chapelle de la Vierge, et n'apercevant plus en elle le moindre symptôme de vie, se mirent à pleurer amèrement, et à exprimer leur douleur de ce que l'abbesse eût quitté la terre sans avoir communié d'abord.

Mais la sainte, réveillée par leurs sanglots et leurs gémissements, ouvrit les yeux, et dit [2] : « Pourquoi donc, mes chères filles, vous êtes-vous
» hâtées de venir me troubler dans mon repos ;
» j'étais auprès de la bienheureuse sainte Luce,
» et je jouissais d'un bonheur immense ; car,
» comme le dit l'Apôtre, l'œil n'a jamais rien vu,
» l'oreille n'a jamais rien entendu et l'esprit de
» l'homme n'a jamais rien conçu de semblable. »

[1] Ibid.
[2] Ibid.

Odile, — ajoutent les chroniqueurs alsaciens [1] — témoigna encore un fervent désir de recevoir le très saint corps et le précieux sang de Notre-Seigneur avant de mourir, et aussitôt des flots d'une immense lumière se répandirent dans la chapelle; la sainte se ranima un instant, se mit à genoux, et toutes les religieuses imitèrent son exemple. Un messager céleste rayonnant de gloire parut alors auprès de l'autel. Il s'avança vers l'abbesse et lui présenta à la vue de l'assemblée un riche calice; puis il remonta au ciel, laissant ce vase merveilleux dans les mains de la mourante [2]. Odile communia, dit un dernier adieu à ses filles, joignit les mains, et ses yeux, qu'un miracle avait ouverts jadis, se refermèrent à la lumière.

[1] Tous les auteurs cités. Ruyr. part. II, von den Heiligsten Sachen des Lotharingischen Gebürgs, l. IV, ch. 10. Gebwiller apud Schuttenheimer, p. 56. Aufführungen der Wahlfarter, etc., von D. Albrecht, p. 279.

[2] Ce calice se trouvait encore à Hohenbourg en 1546. Tous les chroniqueurs affirment qu'on n'a jamais pu connaître la matière dont il était composé. Le couvent de Hohenbourg avait un calice dans ses armes. (Gebwiller, r. 5. 6. — Et Anführungen, etc., von D. Albrecht, p. 91.)

Suivant la volonté qu'elle avait exprimée à cet égard, son corps, exténué de jeûnes et d'austérités, resta exposé pendant huit jours sur une peau d'ours dans la chapelle de saint Jean-Baptiste, du côté de l'Evangile, les pieds tournés vers l'autel ; et durant ce temps une odeur très suave se répandit dans le couvent. Ses anciennes compagnes comprirent alors que, loin de pleurer la mort de celle qui avait combattu le bon combat et qui avait gardé à Dieu une inviolable fidélité, elles devaient se réjouir de ce que le juste juge l'eût ceinte de la couronne de justice, tâcher de l'imiter et d'obtenir, grâce à son intercession, une fin semblable à la sienne.

Ainsi mourut le 13 déc. 7...[1] Odile, fille aînée d'Adalric, duc d'Alsace, abbesse des cou-

---

[1] Les contemporains ne nous font pas connaître l'année du décès d'Odile, et les écrivains postérieurs varient extrêmement dans les indications qu'ils donnent à cet égard. Les uns placent sa mort en 720 ou en 722, les autres en 760, aux temps de Pépin. Ces derniers se fondent sur la légende populaire d'après laquelle Odile aurait atteint l'âge de 103 ans. Leur indication est d'ailleurs évidemment fausse; car il est déjà fait mention d'Eugénie en qualité d'abbesse en 722.

vents de Hohenbourg et de Nieder-Münster. Ses restes mortels furent enveloppés d'un mastic d'abord flexible mais susceptible de se durcir, puis déposés dans un tombeau en pierre qui existe encore.

Les communautés des deux monastères célébrèrent ses obsèques avec tout le recueillement que méritaient les vertus d'Odile, et avec la solennité due à sa double qualité d'abbesse et de fondatrice. Toute la population de l'Alsace afflua à Hohenbourg pour contempler encore les traits de celle que jamais les malheureux et les affligés n'avaient implorée inutilement. L'inépuisable charité d'Odile, son zèle pour la perfection chrétienne, sa vie austère et pénitente, et ses bonnes œuvres multipliées, l'avaient rendue déjà longtemps avant sa mort l'objet de la vénération publique; après son décès elle ne tarda pas à devenir celui d'un culte particulier, d'abord à Hohenbourg, puis dans la province entière, qui l'invoque encore aujourd'hui comme sa patronne. l'Eglise a revêtu ce culte de son approbation, « vu surtout » les miracles qui se multiplièrent au tombeau » de la sainte, *propter quotidiana miracula* [1]. » Et ce sépulcre vénéré est encore de nos jours le lieu de pèlerinage le plus fréquenté de l'Alsace.

[1] Lettres du suffragant de Strasbourg à Léopold d'Autriche son évêque en 1634.

CHAPITRE XIII

> Tout leur temps était employé utilement. Les heures leur semblaient trop courtes pour s'appliquer à Dieu, et ils oubliaient même les nécessités du corps, tant l'amour de la contemplation les charmait par ses attraits et sa douceur.
> (*Imit.* l. I, chap. XVIII, 3.)
> O tiédeur, ô négligence de nos jours, de nous éloigner sitôt de cette ancienne et de cette première ferveur. (*Ibid.*, VI.)
> Voyez-vous tous ces bâtiments ? Je vous le dis en vérité, il ne restera pas pierre sur pierre, tout sera détruit. (*St Matthieu*, XXIV, 2.

Odile avait acquis le goût des lettres à l'abbaye de Baume, sur le Doubs, où s'était passée sa première jeunesse; elle possédait à fond la connaissance de la langue latine, des saintes Écritures et de l'histoire ecclésiastique. Son testament, qui a été conservé [1], prouve qu'elle avait autant de lumières que de vertu. Les couvents fondés par Odile ne dégénérèrent point sous ce rapport et devinrent les asiles de l'étude et du savoir. Au douzième siècle encore, dit Grandidier [2], Hohenbourg était habité par des chanoinesses également savantes et régulières, et tandis que presque toute l'Europe demeurait plongée dans la barbarie et l'ignorance, on voyait les femmes rappeler en Alsace l'amour de la littérature et des sciences. Trois des abbesses qui ont succédé à notre sainte se sont surtout distinguées par leur goût pour les lettres et la poésie. La première, Riklende ou Kilinde, réforma le monastère en 1144 ; on conserve d'elle quelques vers latins, et les fragments d'autres ouvrages, écrits également en cette langue. Herrade de Landsberg, qui lui succéda en 1167, acquit en

---

[1] V. note VIII, à la fin du volume.
[2] Histoire de l'Église de Strasbourg, t. I, p. 357.

core plus de célébrité; Grandidier dit en parlant d'elle : « Les arts d'agrément; la peinture, la musique et la poésie charmèrent les loisirs de cette illustre abbesse [1]. » Il existe de Herrade un recueil de poésies latines, qu'elle composa pour l'instruction de sa communauté, sous le titre de *Hortus deliciarum* [2]. Gerlinde, sa sœur, ou sa cousine, lui succéda et l'égala en goût et en savoir.

Les premières abbesses après Odile furent sainte Eugénie et sainte Gundelinde, ses deux nièces et les plus anciennes du monastère; elles partagèrent l'autorité.

La première fut abbesse de Hohenbourg, proprement dit; la seconde, de Nieder-Münster avec

---

[1] Herrade fonda, à une petite distance de Nieder-Münster, le couvent et l'hospice de Truttenhausen pour des chanoines réguliers soumis à la règle de saint Augustin; ils y vinrent de l'abbaye de Marbach. — Les deux frères de Herrade, Walther de Landsberg, et Henri, évêque de Strasbourg, contribuèrent pour beaucoup à cette fondation, qui fut faite en 1182. Le pape Luce III disait de Herrade qu'elle avait suivi fidèlement la route tracée par l'illustre Riklende.

[2] V. note IX, à la fin du volume.

trente religieuses; les revenus, communs jusqu'alors, furent partagés en conséquence [1].

La régularité se conserva à Hohenbourg jusqu'au onzième siècle, époque à laquelle il y eut encore une pieuse abbesse du nom d'Odile. L'église fut détruite par accident en 1045; mais rebâtie et consacrée à la Sainte Vierge par Bruno, comte de Dagsbourg, évêque de Toul et landgrave d'Alsace, — descendant d'Etton, frère de sainte Odile. Peu d'années après, elle fut renversée de nouveau lors de l'invasion de l'Alsace par les Hongrois; toutefois Bruno, qui avait été élevé au Souverain-Pontificat en 1049, sous le nom de Léon IX, la fit encore reconstruire. Ce pape, que les affaires de l'Église avaient appelé en Allemagne, se rendit lui-même à Hohenbourg pour consacrer l'édifice qu'il venait d'y faire ériger, et pour rassembler les religieuses disper-

[1] Odile avait déjà fait la division des possessions qu'aurait à l'avenir chacun des deux couvents. La seule propriété d'Oberehnheim leur resta par indivis, afin qu'ils eussent toujours un lien commun entre eux.

sées. Il ne quitta ce lieu cher à son cœur qu'après y avoir rétabli la discipline[1].

Cependant, cent ans environ après ces événements, un grand relâchement s'introduisit dans la communauté de Hohenbourg ; le nombre des religieuses diminua, les biens dépérirent, et les bâtiments menacèrent ruine. Le monastère eût peut-être été abandonné entièrement alors, si l'empereur Frédéric Barberousse ne fût intervenu en sa qualité de duc d'Alsace, pour préserver d'une chute complète une fondation aussi célèbre. Il envoya comme abbesse sa nièce Riklende, ou Kilinde, qu'il tira du couvent de Bergen, diocèse d'Eichstadt, et à qui il accorda le titre et les droits de princesse du Saint-Empire et des sommes considérables pour faire face aux dépenses de la réparation du monastère. Ricklende, dont nous avons fait mention plus haut,

---

[1] La bulle de saint Léon IX de l'an 1050 relative à la reconstruction et à la consécration de l'église de Hohenbourg.

joignait un zèle et une piété exemplaires à beaucoup d'esprit et d'instruction ; soutenue par l'autorité de l'empereur, elle réussit en moins de deux ans à rétablir l'ancienne régularité à Hohenbourg. Le témoignage de Herrade de Landsberg, qui succéda à Ricklende, est formel à cet égard ; elle assure que sous sa conduite ses compagnes parvinrent bientôt à une haute perfection qui porta tout le voisinage à la piété. Leur habit était blanc, *albens quasi lilium* [1] ; et la bulle du pape Luce III, de 1185, dit que Ricklende rétablit la discipline selon la règle de saint Augustin [2]. Ricklende rassembla jusqu'à trente-trois dames de chœur ; Herrade en porta le nombre à 47, non compris treize sœurs converses. Ce fut aux temps de Herrade que l'empereur Henri VI, infidèle à son serment, fit arrêter et conduire à Hohenbourg, pour y prendre le voile,

---

[1] Hortus deliciarum.

[2] Grandidier, Histoire de l'Église de Strasbourg, t. I, liv. IV, p. 254.

Sibylle, veuve de Tancrède, et Constance, sa fille.

Gerlinde de Landsberg succéda à Herrade, ainsi que nous le disions ci-dessus.

En 1354, l'empereur Charles IV se rendit au tombeau d'Odile, Agnès III de Stauffenberg étant abbesse. Le prince fit exhumer le corps ; et Jean de Lichtenberg, évêque de Strasbourg, en détacha la partie antérieure du bras droit pour la déposer à la cathédrale de Prague ; cette relique y est encore exposée de nos jours à la vénération des fidèles. Mais, à la demande des religieuses, Charles IV dressa en même temps un acte qui défendait, sous les peines les plus sévères, de toucher désormais au tombeau. L'évêque ajouta à cet acte un mandement pour frapper d'excommunication quiconque se permettrait d'enfreindre la décision souveraine [1]. Cependant l'ab-

---

[1] Les reliques vénérées en d'autres lieux sous le nom d'Odile ne proviennent point de notre sainte. Il y a eu encore trois autres Odiles connues

baye de Hohenbourg, ou de Sainte-Odile, car alors elle portait indifféremment ces deux noms, était destinée à subir encore de terribles désastres ; elle fut saccagée au quatorzième et au quinzième siècle, successivement, par les Grandes-Compagnies, par les Armagnacs et les Bourguignons. Des malheurs plus grands encore marquèrent le seizième siècle. Nieder-Münster fut incendié en 1542, et Hohenbourg en 1546, le 24 mars ; les chanoinesses et les prébendés se dispersèrent alors; et Jean de Manderscheidt, évêque de Strasbourg, craignant que les luthériens ne s'emparassent des biens restant des deux abbayes, demanda au Saint-Siége et obtint qu'ils fussent réunis à la mense épiscopale, en échange d'une pension payée annuellement aux religieuses. Le monastère, rebâti en l'année 1607 par le cardinal Charles de Lorraine et l'archiduc Léopold,

---

dont l'une martyre et compagne d'Ursule, l'autre également abbesse de Hohenbourg, et la troisième veuve du pays de Liége.

Evêques de Strasbourg, fut incendié de nouveau, en 1622, par l'armée luthérienne du comte de Mansfeldt. On répara la grande église en 1630 ; les soldats brandebourgeois la dévastèrent en 1633 ; ils enlevèrent les plombs des fenêtres et des orgues, afin de les convertir en balles. Les guerres subséquentes exercèrent également leur désastreuse influence sur Hohenbourg ; et, le 7 mai 1681, tout le couvent devint encore une fois la proie des flammes ; les seules chapelles des Anges et des Larmes restèrent debout au milieu de l'incendie.

Les religieux prémontrés de l'ancienne observance s'établirent, en 1663, à Hohenbourg, qui fut alors converti en prieuré [1]. Ils commencèrent à rebâtir en 1684. L'église achevée en 1692 fut consacrée en 1696 ; et deux de ces religieux, le

---

[1] L'abbesse Herrade avait établi des prébendes pour deux religieux de cet ordre sur la montagne de Hohenbourg ; et elle avait donné en 1178 à l'abbé Werner de Stibach la petite église de Saint-Gorgone, située entre le couvent et le village d'Ottenrott. Cette donation fut confirmée par Frédéric Barberousse, le 12 octobre 1179, par le pape Luce III le 22 jan-

P. Hugues Peltre et le P. Denys Albrecht, ont recueilli avec soin tous les anciens récits relatifs à la vie d'Odile, et ont écrit les biographies de la sainte que nous avons citées plusieurs fois dans le cours du récit qu'on vient de lire.

Nieder-Münster, dont l'évêque Erasme avait donné l'administration au grand chapitre de Strasbourg, en l'année 1558, ne présente plus aujourd'hui qu'un monceau de ruines. Rosine de Stein, élue en 1514 et morte en 1534, en fut la dernière abbesse.

La révolution française influa également sur le sort de Hohenbourg : peu de jours après la suppression des vœux monastiques, décrétée par l'Assemblée nationale, le 13 février 1790, on fit évacuer le couvent de Sainte-Odile. Cependant le pèlerinage de la sainte patronne de l'Alsace a continué à être fréquenté. Presque tout ce qui

---

vier 1182, et par Henri, évêque de Strasbourg, le 20 janvier 1183.— La possession de Thallheim et Wolffisheim y était attachée.(V. Anführungen,etc.
D. Albrecht, p. 35, 44, 45 et 46.

pouvait nourrir ou exciter la piété avait disparu de l'antique enceinte d'Altitona; mais le tombeau d'Odile y existait encore, et suffisait pour attirer un nombreux concours de fidèles de toutes les contrées environnantes.

CHAPITRE XIV

> Et on n'allume point une lampe pour la mettre sous un boisseau ; mais on la met sur un chandelier, afin qu'elle éclaire tous ceux qui sont dans la maison.
> (*Saint Matthieu*, v, 15)
> Ils suivent l'Agneau partout où il va : ils ont été rachetés d'entre les hommes pour être les prémices offertes à Dieu et à l'Agneau.
> (*Apoc.*, xiv, 4.)

Le 7 juillet 1841, à neuf heures du matin, les ossements de sainte Odile, patronne de l'Alsace, retirés du tombeau dans lequel ils avaient reposé pendant une longue suite de siècles, devaient être exposés à la vénération des fidèles, sur l'autel même de la chapelle qui porte son nom.

Dès la veille du jour désigné pour la fête, la montagne de Hohenbourg présentait le spectacle le plus animé. Les habitants de l'Alsace, de la Lorraine et du pays messin, y arrivaient en foule; et tout en la gravissant, on les voyait s'écarter de la route frayée, pour cueillir des fleurs et de la verdure destinées à embellir la vieille église de Sainte-Odile. De grands vases étaient préparés sur l'autel et sur la boiserie qui fait le tour de l'édifice, afin de recevoir la digitale, l'épilobe, le lierre et la fougère qu'apportaient successivement les voyageurs. On avait planté devant chacune des colonnes de la nef un beau sapin coupé dans la forêt voisine; des guirlandes de buis et de feuilles de chêne liaient les arbres entre eux, et entouraient leurs troncs de manière à leur donner l'apparence de colonnes torses. Une estrade très élevée et drapée avec élégance était disposée dans l'avant-chœur pour porter la châsse destinée à contenir les reliques de la sainte patronne du pays. Le tombeau et les autels d'Odile étaient richement décorés; on avait couronné de fleurs sa statue. Dans la soirée, des milliers de pèlerins circulaient sur l'esplanade supérieure de Hohenbourg. Ils visitaient successivement les divers sanctuaires réunis au sommet de la montagne. Les curieux se portaient surtout dans la chapelle du Calvaire, où l'on voyait une châsse en bois précieux contenant des reliques d'Adalric, plusieurs peintures représentant les scènes principales de la passion, un grand tableau offrant réunies les généalogies des maisons d'Alsace, de Lorraine, de France, et d'Autriche, qui toutes tirent leur origine d'Adalric et de Berswinde, enfin un lit antique de forme royale et que la tradition dit avoir appartenu au roi Dagobert. L'une des salles de la maison conventuelle attirait également la foule. Là se trouvait la grande et belle châsse destinée à recevoir les ossements d'Odile; une autre châsse, contenant ces restes précieux et renfermée dans la première, portait de riches coussins sur lesquels était couchée la statue de notre sainte, tenant en main le livre d'office, ayant la crosse abbatiale à ses côtés, et revêtue du costume sous lequel elle est représentée dans les anciens monuments.

Le 7 juillet, le son des cloches annonça, dès trois heures du matin, aux pèlerins impatients, que les portes de l'Eglise allaient être ouvertes, et que la première messe commençait.

L'édifice sacré est aussitôt rempli, la masse des fidèles s'élance dans le sanctuaire, au bout de peu de minutes il n'y a plus moyen de trouver place. — Bientôt les chapelles voisines, la grande cour du monastère, et la pelouse qui le précède, sont encombrées ; mais un ordre admirable règne parmi cette multitude, composée d'individus d'âges, de sexes et de rangs différents ; tous les visages expriment la foi, la piété et la plus fervente dévotion. Quatre-vingts prêtres venus de l'Alsace, de la Lorraine, du grand-duché de Bade, et même de la Hollande, rehaussent par leur présence l'éclat de cette fête à la fois religieuse et nationale. — Les messes se succèdent sans interruption à plusieurs autels jusqu'après midi.

Le vénérable curé d'Oberehnheim, lieu de la naissance de sainte Odile, et délégué épiscopal, donne le signal du commencement de la cérémonie, à neuf heures du matin. La procession sort de l'église et se met en marche ; arrivé devant la châsse, le clergé entonne l'hymne d'usage ; six prêtres se chargent du précieux fardeau ; puis la procession fait le tour du plateau qui se trouve en face de l'église ; l'encens fume, le son des cloches se mêle à celui de la musique et des chants religieux. La châsse traverse majestueusement la foule qui s'écarte avec respect pour lui ouvrir un passage, toutes les figures s'animent, les mains se joignent, les têtes s'inclinent, et des larmes coulent des yeux de la plupart des assistants.

Après cette marche triomphale, la châsse est

momentanément déposée ; le président de la fête, vieillard plus qu'octogénaire, monte sur une chaire préparée à cet effet dans la cour du couvent, et fait en allemand l'éloquent panégyrique de la sainte ; puis la procession se remet en mouvement et entre dans l'église, au milieu des chants solennels du clergé ; — la châsse est placée sur l'estrade. — La grande messe commence. Pendant le Saint-Sacrifice, et durant les deux heures qui suivent sa célébration, des prêtres font baiser une relique à la multitude avide de témoigner ainsi de sa confiance en sainte Odile : il faut enfin, pour que tous puissent satisfaire à leur dévotion, que le clerc chargé de sa relique vienne se placer à la porte de l'église. Un salut solennel termine la cérémonie.

La châsse est restée exposée pendant l'octave de la fête ; et depuis lors le concours des fidèles n'a pas discontinué. On en a compté quinze cents le dimanche suivant ; des centaines de communions se font tous les jours à Hohenbourg, et jamais peut-être l'affluence des pèlerins n'y a été aussi nombreuse que dans l'année qui vient de s'écouler.

FIN

APPENDICE

I

FÊTES QUI SE CÉLÉBRAIENT AUTREFOIS

AU COUVENT DE SAINTE-ODILE [1].

JANVIER

8. S. Erhard, évêque de Bavière.

19. Le B. Godefroid, confesseur de l'ordre de Saint-Norbert.

FÉVRIER.

2. *La Purification.* Nous devons observer que toutes les fêtes de la Vierge se célébraient à Hohenbourg, qui était placé sous la protection

---

[1] Anführungen der Wahlfarter, liv. v, P. Dionys. Albrecht, p. 3 et seq.

spéciale de Marie. Au jour de la Purification, le prévôt de Truttenhausen était tenu de chanter la grande messe à Hohenbourg, aux termes de la bulle de Luce III.

4. Saint Gilbert, abbé de l'ordre de Saint-Norbert.

17. Le B. Evermade, évêque, du même ordre.

MARS

3. Le B. Frédéric, abbé du même ordre.

19. Saint Joseph, patron des Prémontrés de l'ancienne observance.

25. L'Annonciation.

Une procession en l'honneur de la sainte Croix avait lieu après la grande messe du vendredi qui suit le dimanche de la Passion.

AVRIL

7. Le B. Hermann Joseph, confesseur de l'ordre de Saint-Norbert.

19. Saint Léon IX, pape et parent de sainte

Odile, lequel fit bâtir à deux reprises l'église de Hohenbourg.

MAI

1. Saint Philippe et saint Jacques, apôtres. En ce jour les processions de Rosheim et Bischoffsheim venaient à Hohenbourg.
2. Translation de saint Norbert.
3. Invention de la sainte Croix.

L'Ascension. Les processions d'Ottenrott et Rossenweiller venaient en ce jour à Hohenbourg.

Le lundi après l'Ascension on célébrait la fête du B. Gerlach, confesseur de l'ordre de Saint-Norbert.

7. Saint Sigismond, martyr, roi de Bourgogne et parent de sainte Odile.

JUIN

Les processions d'Oberehnheim à Boersch se rendaient à Hohenbourg au lundi de la Pentecôte.

24. Saint Jean-Baptiste. En ce jour le prévôt de Truttenhausen venait chanter la grande messe à Hohenbourg, aux termes de la bulle de Luce III.

29. Saint Pierre et saint Paul, apôtres, en l'honneur desquels la première chapelle de Hohenbourg a été bâtie.

JUILLET

2. Visitation de Notre-Dame.

9. L'arrivée de la Croix miraculeuse à Nieder-Münster. (V. note VII, plus loin).

Et la fête de saint Adrien et saint Jacques, martyrs, de l'ordre de Saint-Norbert.

11. Saint Norbert, fondateur de l'ordre des Prémontrés et parent de sainte Odile.

Sa fête se célébrait encore avec grande solennité le premier dimanche après le 11 juillet.

Même date. Saint Hidulphe, frère de saint Erhard et parrain de sainte Odile.

AOUT

13. La B. Gertrude, vierge de l'ordre de Saint-Norbert et fille de sainte Élisabeth.

15. L'Assomption, avec une indulgence plénière. En ce jour le prévôt de Truttenhausen chantait la grande messe, aux termes de la bulle de Luce III.

25. Saint Louis, roi de France, parent de sainte Odile.

26. Jour auquel on arracha les yeux à l'évêque saint Léger, parent de sainte Odile.

28. Saint Augustin, évêque et Père de l'Eglise.

29. Décollation de saint Jean-Baptiste. Aux termes de la bulle de Luce III, le prévôt de Truttenhausen venait chanter en ce jour la grande messe à Hohenbourg.

SEPTEMBRE

8. Nativité de la Sainte Vierge. — Déjà, du vivant de sainte Odile, l'abbé d'Ebersheim-

Münster venait chanter en ce jour la grande messe à Hohenbourg, à partir de l'année 1181; cette obligation passa à l'abbé de Stibach.

9. Saint Gorgone, martyr.

14. Exaltation de la sainte Croix.

16. Sainte Eugénie, deuxième abbesse de Hohenbourg et nièce de sainte Odile.

18. Sainte Richarde, impératrice, fondatrice du chapitre d'Andlau et parente de sainte Odile.

29. Saint Michel et tous les saints Anges. Le prévôt de Truttenhausen venait chanter la grande messe, aux termes de la bulle de Luce III.

OCTOBRE

2. Saint Léger, évêque et martyr, parent de sainte Odile, et saint Gérin, martyr, frère de saint Léger.

11. La Translation de saint Augustin.

20. Consécration par les anges de la chapelle de

Saint-Jean. L'abbé de Stibach chantait la grande messe, et le prévôt de Truttenhausen disait la première messe.

NOVEMBRE

1. La Toussaint. Le prévôt de Truttenhausen chantait la grande messe.
13. Fête de tous les saints de l'ordre des Prémontrés, avec indulgence plénière.
21. Présentation de la sainte Vierge.

DÉCEMBRE

3. Sainte Attale, première abbesse de Saint-Étienne de Strasbourg, nièce de sainte Odile.
8. L'Immaculée-Conception.
13. *Sainte Odile,* avec indulgence plénière. Le prévôt de Truttenhausen disait en ce jour la première messe, l'abbé de Stibach chantait la grande messe.
25. Noël. Ce jour était aussi celui où se célébrait l'origine de l'ordre des Prémontrés. Le prévôt

de Truttenhausen disait la première messe.

Dans les temps anciens, un prêtre d'Ebersheim-Münster était tenu de célébrer la grande messe avec diacre et sous diacre.

On célébrait aussi jadis la fête d'Adalric, père de sainte Odile, et l'on chantait à cette occsion sept grandes messes; mais le jour n'en est plus connu.

2° ACTES CONSTATANT L'AUTHENTICITÉ
DES RELIQUES DE SAINTE ODILE [1].

1. Le diplôme de l'empereur Louis Ier de l'année 837.

2. La bulle de Luce III pour la fondation de Truttenhausen en date de l'année 1185.

3. Le diplôme du roi des Romains Guillaume Ier qui renouvelle les priviléges de Hohenbourg, et dans lequel on lit les mots suivants :
« Ad honorem omnipotentis Dei, gloriosæ Vir-

---

[1] Anführungen der Wahlfarter, liv. v, Dion. Albrecht, p. 95 et seq.

» ginis Mariæ matris suæ, quæ in ecclesia ves-
» tra est patrona, et B. V. Odiliæ, cujus sacrum
» corpus requiescit ibidem. » — An 1249.

4. Le diplôme de l'empereur Louis IV, de 1320.

5. Celui de Henri, roi des Romains, du 10 février 1341.

6. Celui de l'empereur Charles IV, en date du 8 mai 1354, lequel atteste qu'ayant fait ouvrir le tombeau d'Odile il y avait trouvé le corps entier de la sainte.

7. L'attestation de Jérôme Gebwiller, *scholast. cathed. Argent.*, qui écrivit la vie de sainte Odile en 1521.

8. Celle de Jean Schuttenheimer, curé d'Ottenrott, et de saint Nabor, qui annota en 1597 l'œuvre de Gebwiller.

9. L'écrit adressé en 1632 par Paul d'Aldrigen, coadjuteur et vicaire-général de Strasbourg,

à l'archiduc évêque Léopold. — (V. Hugues Peltre, c. 18, p. 155.)

10. L'attestation de Pistorius, bourguemestre d'Oberehnheim, signée par la bourgeoisie de cette ville, et prouvant que le tombeau de sainte Odile n'a été violé ni par les Suédois ni par les soldats de Mansfeld. (en 1650.)

11. Celles d'Ernest et de Maximilien-Philippe, comtes de Manderscheid-Falkenstein, et du comte de Rockhem, lesquels ont fait décorer magnifiquement le tombeau de la sainte en 1696.

12. Celle de Pierre Creagh, archevêque de Dublin, primat d'Irlande (1696).

13. Celle de François Blouet de Chamilly, vicaire général de l'évêché de Strasbourg (1696).

14. Celle de la chambre de l'évêché de Strasbourg, adressée à l'évêque de Worms en 1699.

15. Enfin le procès-verbal rédigé en 1840, lors de l'ouverture du tombeau de sainte Odile,

en présence du clergé, des témoins et des médecins.

3° INTÉRIEUR DU TOMBEAU DE SAINTE ODILE

TEL QUE LE DÉCRIVENT LE P. HUGUES PELTRE, c. 12, ET DENIS ALBRECHT (ANFUHRUNGEN, etc.,p. 99.)

Le cercueil contenant les restes de sainte Odile est fait d'un mastic susceptible de devenir aussi dur que la pierre. Ce cercueil a six pieds de long et trois de haut ; il est plus large du côté de la tête que de celui des pieds ; le couvercle est arrondi et a été fendu lors de l'ouverture faite par ordre de l'empereur Charles IV. — Le cercueil est posé à fleur de terre, et enfermé pour plus de sûreté dans de grosses dalles de pierre. L'extérieur du tombeau a été décoré par ordre des comtes de Manderscheid et Rockhem, et à leurs frais.

4° LISTE DES VILLES ET VILLAGES

DONT LE CLERGÉ ET LES HABITANTS VISITAIENT JADIS PROCESSIONNELLEMENT LE TOMBEAU DE SAINTE ODILE [1].

Oberehnheim, Barr, Boersch, Rooszheim, Bischoffsheim, Ottenrott et Saint-Nabor, Rooszenweyller. — Berg-Biethen, Bolszenheim, Dachstein, Geispolsheim, Holzheim, Hüttenheim, Krautergersheim, Kogenheim, Meistersheim, Martzenheim, Molsheim, Mutzig, Niderehenheim, Uttenheim, Stotzheim, Wolfisheim.

NOTE I

Adalric donna au couvent d'Ebersheim-Münster les biens, l'église et la dîme d'Obersultz et d'Egisheim, le bien supérieur de Sigolsheim avec l'église et la dîme, la moitié des droits à prélever depuis Mézeral jusqu'à Boswihr, — les biens compris entre la Fecht et le Mühlbach, des fermes à

---

[1] Anführungen, liv v, D. Albrecht, p. 148.

Orschwiller, Scherwiller, Kogenheim, Sermersheim, Hüttenheim, Uttenheim, Walff, Northausen, Hindisheim, Mieterscholz, Baldenheim, Artelsheim, Rathsamhausen, Grusenheim, Weisweiler en Brisgau, Artzenheim, etc. — Le duc déposa le titre de cette donation sur l'autel consacré à saint Maurice. Déodat avait reçu des reliques de ce saint par Ambroise, abbé de Saint-Maurice en Valais. Théodoric III, roi d'Austrasie, visita Ebersheim-Münster, et fut si touché de la piété des moines, qu'il fit don au couvent des villages voisins de Hiltzen, Bindern et Ehnweyer.

Sainte Odile avait une grande prédilection pour Ehersheim-Münster [1] ; après la fondation du couvent de Hohenbourg, elle en désigna l'abbé pour être directeur de ses religieuses, et fit des donations considérables à l'abbaye [2], à condition

---

[1] Anführungen der Wahlfarter, l. v, Dionys. Albrecht, p. 33 et 34.
[2] Ces donations consistaient en terres, à Barr, Marsal, Wittewig, Illkir-

que les moines d'Ebersheim-Münster viendraient célébrer le service divin de Hohenbourg à certains jours de fête, et que l'abbé lui-même remplirait ce devoir à la Nativité de la Sainte Vierge. Déobald, abbé d'Ebersheim-Münster, était l'un des confidents les plus intimes de Charlemagne ; il fit avec ce prince le voyage de Saxe en 810. L'empereur Arnoulf plaça l'abbaye sous la protection des évêques de Strasbourg en 889. De 1607 à 1617 elle appartint à la congrégation des Bénédictins de Bursfeld, et à partir de cette dernière date elle fit partie de la congrégation séparée que l'évêque de Strasbourg érigea dans son diocèse.

NOTE II

Voici ce qu'on lit au sujet de la donation d'Adalric, dans l'ouvrage de Dionysius Albrecht [1].

---

chen, Cunenheim, Sermersheim, Gundolsheim, Berchholz, Regensheim, Burelsheim et Balthersheim. (Ibid.)

[1] Anführungen der Wahlfarter auf den Heiligen Odilien Berg, etc., p. 25 et seq. — L'auteur cite en même temps tous les anciens écrits dans

« Le duc fit une riche donation au couvent de
» Hohenbourg ; l'on peut s'en convaincre en par-
» courant la liste des divers lieux dont il lui cé-
» da la propriété. Ces lieux sont mentionnés :
» dans l'acte de séparation des deux couvents de
» Hohenbourg et Nieder-Münster, acte connu
» sous le nom de testament de sainte Odile ; —
» dans la bulle du saint pape Léon IX ; — dans
» la lettre de confirmation de l'empereur Louis
» Ier, et dans la bulle de Luce III. »

1° *Lieux indiqués dans le testament de sainte Odile.*

Oberehnheim, Arlisheim avec ses dépendances, Heimersdorf, Brunstatt, Hirsung, Bnochheim, Gertwiller, Sermirsheim, Kagenheim, Blinswiler, Sultz, Saint-Nabor avec le ban, Ottenrott, Barr.

_{lesquels on trouve la preuve des faits qu'il avance, en particulier pour chacun des lieux désignés.}

2° *Lieux indiqués dans la bulle de Léon IX, en* 1050.

Roszenheim, Dorlisheim, Avolsheim, Sachszelsheim, Flandensheim, Schaffersheim, Oberehnheim, Neukirchen, Ingmarsheim, Niederehnheim, Ergersheim [1], Sigolsheim, Alege, Sunthuszen, Archenheim, Schopffen, Gersheim, Berckheim, Tullengen, Menolsheim, Urszheim et le bien de Saint-Nabor.

3° *Lieux indiqués dans la lettre de confirmation de l'empereur Louis Ier.*

Ilfurt, Limmiszwiler, Caspach, Reningen, Cunenheim, Gundolfsheim, Regsen, Rurelszheim.

4° *Lieux indiqués dans la bulle de Luce III, pour la fondation de Truttenhausen.*

Gockswiler, Niderehnheim, Heiligenstein.

[1] A la suite de ces deux derniers endroits le roi des Romains, Guillaume

Lorsque Oberehnheim et Roszenheim furent élevées par la suite au rang de villes libres, le couvent de Hohenbourg y perdit ses possessions, conserva simplement un manoir dans chacune des deux villes, et le droit de patronage sur Oberehnheim.

NOTE III

NOTICE SUR SAINTE ATTALE

Sainte Attale, fille d'Adalbert, duc d'Alsace et frère de sainte Odile, vécut saintement sous la direction de sa tante. Son père ayant fondé le chapitre de Saint-Etienne à Strasbourg, Attale fut appelée, du vivant de sainte Odile, à la direction des trente chanoinesses qui le composaient [1].

Attale gouverna sagement le chapitre auquel

nomme Blodensheim comme devant être restitué à Hohenbourg (In Diplom. ejusd. quod citat D. Hugo, Episc. Ptolemaidis, Abbas Stivag. in Annalium Ord. Præm. t. II, litt. O, Verb. *Odilia*.)

[1] D. Schilter, Annot. 8, p. vi, p. 520. Apud J. Schilter ex Diplom. Regis Ludovici. Annot. 8. Guillimanus, De Episc. Argent., cap. 9. N. B. p. 63, c. 4, p. 47. Ex Actis Sanct. Ord. S. Benedicti, sæculo III, parte II, pag. 493. In Vita S. Odiliæ.

elle présidait, pendant une longue suite d'années, et mourut en odeur de sainteté. Le Seigneur, sa divine Mère et une nombreuse troupe d'anges apparurent au moment où elle rendait le dernier soupir [1] ; ses reliques ont été les instruments dont Dieu s'est servi pour faire un grand nombre d'éclatants miracles. Sa fête se célèbre le 3 décembre dans le diocèse de Strasbourg.

NOTICE SUR SAINTE EUGÉNIE

Sainte Eugénie, sœur de sainte Attale, fut la deuxième abbesse du couvent de sainte Odile ; elle avait été la disciple chérie de sa tante, et mourut en odeur de sainteté en 735 ; on l'ensevelit dans la chapelle de Saint-Jean, appelée plus tard chapelle de Sainte-Odile. La fête de sainte Eugénie est célébrée le 16 septembre [2]. Le tombeau de sainte Eugénie resta intact jusqu'en l'an-

---

[1] Gebwiller apud Schuttenheimer, p. 102.

[2] V. P. Hugues Peltre, et Anführungen der Wahlfarter, et von Dionys. Albrecht, p. 135.

née 1622, époque à laquelle les soldats de Mansfeld le brisèrent. Les reliques recueillies par les députés du clergé et du magistrat d'Oberehnheim furent portées respectueusement dans cette ville, et processionnellement reportées au couvent de Sainte-Odile le 6 août 1624, par monseigneur Peetz, coadjuteur de Strasbourg; plus tard les Suédois les profanèrent et les jetèrent au vent. Cependant une partie des os de la sainte, conservée à l'église paroissiale d'Oberehnheim, fut enfermée dans une statue d'argent, et était autrefois exposée à la vénération publique le 16 septembre. L'église de Wilgotheim possédait aussi des reliques de sainte Eugénie, ainsi que l'indiquait l'inscription suivante gravée sur l'autel :
« Ego Adamus Peetz, Episcopus Tripolitanus, consecravi altare hoc in honorem S. Mauritii; et reliquas S. Eugeniæ secundæ abbatissæ montis S. Odiliæ et SS. MM. Thebæorum imposui, die 23 mensis octobris anno 1622. »

Notice sur sainte Gundelinde

Sainte Gundelinde, troisième fille d'Adalbert et seconde abbesse de Nieder-Münster, mourut en odeur de sainteté après avoir saintement vécu.

Ses ossements, et ceux d'Eimhilde, qui lui succéda en qualité d'abbesse de Nieder-Münster, et qui y fut également révérée comme sainte [1], étaient exposés aux deux côtés du maître autel dans des châsses d'argent. Lors de l'incendie du couvent, en 1592, les reliques ont été portées à Saint-Nabor, par le R. Schuttenheimer, curé de ce lieu. Le R. Elie Heimans en transféra une partie à Sainte-Marie-des-Ermites en Suisse, en 1596. La portion de ces restes précieux que l'on avait laissée à Saint-Nabor se perdit dans la guerre de trente ans [2].

[1] Schuttenheimer in annot. ad Vitam S. Odiliæ
[2] Dionys. Albrecht, op. cit., p. 186.

NOTE IV

Roswinde, sœur de notre sainte, vécut saintement à Hohenbourg sous la direction d'Odile; elle avait renoncé au monde dès avant que le monastère eût été érigé. — Ses restes ont été ensevelis dans la chapelle de Saint-Pierre et Saint-Paul. — Le nom de sainte Roswinde se trouve dans une ancienne litanie qui était chantée jadis dans tout l'évêché de Strasbourg [1].

NOTE V

Remigius, voulant doter le couvent d'Eschau de reliques, entreprit à cet effet le pèlerinage de Rome. Le pape Adrien I lui donna les corps de sainte Sophie, et de ses filles Fides, Spes et Charitas, qui toutes quatre avaient subi le martyre au temps de l'empereur Adrien. — Remigius déposa solennellement ces restes précieux dans

[1] Ibid. p. 124, et P. Hugues Peltre, et Rugrus in Antiq. Vosagi, l. IV, ch. 115.

l'église du monastère, le 10 mai 777. — Peu de temps après, le chapitre de Schœnenwerd, situé entre Arau et Olten en Suisse, se soumit au couvent d'Eschau [1]. Remigius fit son testament le 15 mars 778, et institua l'église héritière de sa fortune. L'acte est signé par Gislebert, évêque de Tournay et de Noyon ; par Willibald d'Eichstædt, Weomald de Trèves, Walderich de Passau, Waldebert de Bâle, et en outre par 42 témoins des deux sexes [2]. Remigius mourut le 20 mars 783. Le 18 mai suivant, ses restes furent transportés à Eschau, et ensevelis dans le tombeau qu'il s'était fait construire à l'avance. Il est compté au nombre des saints patrons d'Alsace dans le ménologe de Bucelin ; mais Papebroch lui conteste cette qualité, parce qu'elle ne lui est accordée ni par les martyrologes, ni par les anciens écrivains alsaciens [3].

[1] Grandidier, p. 305 et seq.
[2] Ibid., p. 309.
[3] Act. Sanct., t. IV, Mai, p. 135.

Quoi qu'il en soit, l'abbaye de Münster a célébré sa fête jusqu'à l'époque de la suppression des couvents.

NOTE VI

Mabillon [1], entraîné peut-être par son attachement pour l'ordre dont il était membre, soutient que sainte Odile avait adopté la règle de saint Benoît; il cite, à l'appui de son affirmation, la chronique de Senones, écrite au XIIIe siècle. — Baillet, Belhomme et les frères Saint-Marthe partagent cette opinion; mais elle a été victorieusement réfutée par Laguille [2], Hugues de Stibach [3], Albrecht [4], et Grandidier [5]. Les diplômes de Louis-le-Débonnaire de l'année 837, et de Henri II de 1017, ne disent pas un mot de la règle de saint Benoît, et nomment simplement

---

[1] Observ. prælim. in Vit. S. Odil., n. 5.
[2] Hist d'Alsace, p. I, l. 8, p. 84.
[3] Annal. Præmonst. Ord. t. I, p. 414-428.
[4] History von Hohenbourg, p. 223.
[5] Hist. de l'Égl. de Strasb. t. I, p. 351.

les dames des deux couvents de Hohenbourg et Nieder-Münster « Ancillæ Dei inibi Deo famulantes. » Le pape saint Léon, dans sa bulle de l'an 1050, les appelle à la vérité « Sanctimoniales. » Mais cette dénomination s'appliquait, dès le IXe siècle, aux chanoinesses aussi bien qu'aux autres religieuses; car on lit dans le 23e canon du concile de Châlons-sur-Saône, tenu en 813 : « Libuit namque sacro huic conventui quasdam » admonitiunculas breviter eis *sanctimonialibus* » scribere quæ se *canonicas* vocant. » — D'ailleurs toutes les bulles, les diplômes impériaux, le vieux nécrologe de Stibach et les bréviaires de Strasbourg s'accordent à ne point désigner les religieuses de Hohenbourg sous le nom de bénédictines, mais leur donnent celui de chanoinesses[1]; et lorsque le couvent fut réformé par l'abbesse Relinde, aux temps de Frédéric Barberousse, elle y introduisit « l'ordre le plus sévère, d'après

---

[1] Anführungen, l. v, D. Albrecht, p. 286 et seq.

la règle de saint Augustin [1] » : donc celle de saint Benoît n'y avait jamais été en vigueur; autrement cette abbesse, qui elle-même était bénédictine, et venait du couvent de Bergen en Bavière, eût été obligée de l'y faire refleurir, aux termes du concile de Reims tenu vers cette époque.

La preuve résultant des longs cheveux et du costume est également sans réplique. L'abbesse Herrade, qui écrivait en 1180, dit que les religieuses de Hohenbourg portaient l'habit blanc, « albens quasi lilium [2] » ; donc elles n'étaient point bénédictines.

Il est fort à présumer que les constitutions de Hohenbourg furent adoptées par les chanoinesses de Saint-Etienne de Strasbourg et d'Eschau; car leurs chapitres ont été fondés, le premier par Adalbert, frère d'Odile, le deuxième par l'é-

---

[1] Bulle de Luce III de l'an 1185.
[2] Hortus Deliciarum. Rythmo 1.

vêque Remigius ; et les deux saintes abbesses nièces d'Odile avaient été toutes deux formées à la vie religieuse à Hohenbourg.

Toutefois l'on ne doit point conclure de ce qui précède que les compagnes d'Odile fussent des chanoinesses séculières telles que le furent par la suite celles de Remiremont en Lorraine, et celles d'Andlau, fondées par l'impératrice sainte Richarde. Les dames de Hohenbourg étaient de vraies religieuses, qui renonçaient au monde et formaient une communauté sous la direction d'une abbesse. On les nommait chanoinesses, simplement pour les distinguer des nonnes soumises à la règle de saint Benoît. Le genre de vie des chanoinesses était moins sévère, à la vérité ; mais cette rigidité moindre constituait la seule différence qui existât entre les deux ordres.

NOTE VII.

Sur la miraculeuse Croix de Nieder-Münster.

Fortuné, évêque de Jérusalem, envoya en l'an 799, à Charlemagne, une cassette d'argent contenant de précieuses reliques, parmi lesquelles se trouvait du bois de la vraie Croix, une partie des vêtements de la très sainte Vierge, un bras de sainte Basilide et un de sainte Denise [1]. Ces reliques devinrent la propriété de Hugues de Bourgogne, disent les chroniqueurs [2], à la suite d'un enchaînement de circonstances merveilleuses.

Hugues était en haute faveur auprès de Charlemagne; les courtisans, jaloux de la préférence que lui accordait l'empereur, jurèrent de le perdre, et réussirent à le faire passer pour

---

[1] Gebwiller Scholasticus. Cath. Arg. apud Schuttenheimer in Vita S. Odiliæ. P. Lyre. S. J. — D. Lud. Hugo, Episc. Ptolem. Abbas Stivag., t. II, Annal. Ord. Præm., verb. *Odilia*.

[2] Il y a erreur ici : le Hugues dont il est question était comte d'Alsace. (V. Gérard de Roussillon chez Luc d'Achery, t. II, p. 498.)

traître et rebelle. Hugues fut emprisonné, jugé et condamné à mort. Le jour et l'heure de son supplice étaient fixés ; mais, au moment où sa tête allait être abattue, le bras du bourreau, paralysé et retenu par une force irrésistible, se trouva incapable de lever l'instrument meurtrier. — La même chose arriva à plusieurs autres exécuteurs qui furent successivement appelés. Enfin Charlemagne lui-même, disent les chroniqueurs, saisit sa redoutable épée, et à l'instant son bras aussi resta immobile et comme privé de vie. Reconnaissant alors l'injustice de l'accusation, l'empereur implora humblement le pardon de son vassal, et, après avoir dû à la prière de Hugues la guérison de son bras, il le fit reconduire triomphalement à sa cour, et lui promit avec serment de lui accorder tout ce qu'il lui demanderait. Hugues demanda la cassette de Fortuné avec les reliques qu'elle renfermait. L'ayant obtenue et se jugeant indigne de garder un semblable trésor, il fit monter les reliques dans une croix magnifique enrichie d'or et de pierres fines, y joignit deux volumes précieux, chargea un chameau de ces trois objets, et ordonna aux cinq chevaliers les plus pieux de sa cour de suivre partout l'animal, de ne gêner en rien ses mouvements, mais de les observer avec grand soin, afin que l'on sût quel était le lieu où il plairait à Dieu que la croix fût vénérée à l'avenir.

Le chameau se dirigea vers l'Alsace, marchant nuit et jour, s'arrêta un moment à Saint-Nabor, et commença ensuite à gravir le mont de Sainte-Odile. Arrivé à la porte du couvent de Nieder-Münster, il y frappa du pied pour désigner qu'il voulait entrer. Alors le clergé du lieu et toutes les religieuses s'étant réunis, le chameau s'agenouilla et se laissa paisiblement prendre sa précieuse charge. La croix fut pompeusement portée dans l'église; c'était le 9 du mois de juillet. Depuis lors, ce jour a été solennellement fêté dans le couvent de Nieder-Münster, jusqu'à l'époque de la destruction du monastère; et la vénération des Alsaciens pour la merveilleuse croix a reçu une sanction divine par un nombre infini d'éclatants miracles [1].

Les cinq pieux chevaliers passèrent le reste de leur vie dans l'ermitage de Saint-Jacques, situé à un quart de lieue au-dessus du couvent, et dont on voit encore les derniers débris. La croix était en bois de chêne, épaisse de deux doigts, haute de neuf pieds et demi, et couverte de bas-reliefs de vermeil, représentant l'histoire de la vie et de la passion de Notre-Seigneur.

Lors de l'incendie de Nieder-Münster arrivé en 1542, l'évêque de Strasbourg fit porter la croix au monastère de Sainte-Odile, qui devint également la proie des flammes. Quelques années plus tard, 1580, elle fut confiée à la garde des

[1] Anführungen der Wahlfarter, et von D. Albrecht, p. 49, 50 et 51.

Pères de la Compagnie de Jésus, qui venaient de s'établir à Molsheim en Alsace. Ces Pères bâtirent en 1610 la magnifique cathédrale de Molsheim et y déposèrent la croix.

NOTE VIII.

Testament de sainte Odile.

Le testament de sainte Odile, dont nous avons parlé dans le courant de cet ouvrage, se trouve tout au long dans Grandidier, *Histoire de l'Église de Strasbourg,* t. I, pièces justificatives, n° 25. — Il ne faut pas le confondre avec le testament supposé de la sainte qui est dans le même ouvrage, sous le n° 26. Le lecteur pourra facilement se procurer cette pièce, que nous croyons inutile de citer ici dans son entier.

NOTE IX.

Sur le Hortus Deliciarum de Herrade de Landsberg.

Ce précieux ouvrage est conservé à la bibliothèque de la ville de Strasbourg; le manuscrit est entièrement de la main de Herrade, il se compose de 324 feuilles de parchemin; — il est intéressant surtout en ce qu'il peut faire apprécier l'état des sciences, des lettres, des mœurs, des usages publics et privés au XIIe siècle.

L'œuvre se compose d'une collection systématique d'extraits tirés de l'histoire ecclésiastique et des Pères, mêlés à des réflexions et des observations sur l'astronomie, la géographie, la philosophie, l'histoire et la mythologie, amenées naturellement par le sujet que l'auteur traite. A ces extraits sont annexées les poésies de Herrade, accompagnées de naïves et gracieuses miniatures.

L'œuvre est dédiée par l'illustre abbesse à ses filles spirituelles, et elle leur explique, dans une préface écrite en prose, le but dans lequel elle l'a entreprise. « J'ai écrit ce livre, leur dit-elle; et, semblable à une abeille, j'ai réuni le suc de plusieurs écrits sacrés et philosophiques, pour en former un rayon de miel destiné à vous réjouir en vous portant à honorer Notre-Seigneur et l'Église. Cherchez-y donc une agréable nourriture pour l'âme, désaltérez-y votre esprit fatigué, afin d'être toujours occupées de votre céleste fiancé, etc., etc. »

Herrade entre alors en matière. Après avoir parlé de Dieu, de ses attributs, des anges et de leur chute, elle arrive à la création de l'homme, l'examine avant et après le péché, et passe en revue tout l'Ancien-Testament, dans ses rapports avec le Nouveau, avec l'histoire de l'humanité entière, avec le développement des arts, des sciences et de la philosophie.

Elle en vient ensuite au mystère de la rédemption, auquel elle joint la généalogie de Notre-Seigneur, tracée sur un arbre mystérieux planté par la Divinité; elle s'étend sur l'histoire de la vie, des miracles, des discours et des paraboles du Christ. — Suivent alors de nombreux extraits des *Actes des Apôtres*, auxquels sont annexées de très curieuses peintures.

L'histoire des empereurs romains s'unit naturellement à celle du développement de l'Église chrétienne; et d'ingénieuses miniatures représentent allégoriquement les vertus des disciples fidèles du Christ, la laideur du vice, les vanités et les tentations du monde, les assauts de l'enfer, et les moyens qu'on leur doit opposer.

Enfin Herrade représente encore, dans une série de considérations et de peintures, les dignités, les droits et les obligations de l'état ecclésiastique.

L'œuvre de l'abbesse de Hohenbourg est le produit d'un esprit sérieux et d'un long travail ; elle indique avec grand soin les sources nombreuses et authentiques dans lesquelles elle a puisé ses matériaux.

Herrade a laissé également une liste de tous

les papes, depuis saint Pierre jusqu'à Clément III, et plusieurs ouvrages astronomiques, lesquels doivent se trouver à la bibliothèque de Strasbourg.

FIN

ADDITION DES ÉDITEURS

LE MONT SAINTE-ODILE

RÉSUMÉ HISTORIQUE, PAR M. P. P. S.

> Je rétablirai ce qui était tombé
> AMOR

A quelques lieues de Strasbourg se dresse, fière et majestueuse, une haute montagne que l'œil le moins observateur distingue aisément de loin à sa forme peu ordinaire et hardie. Douze siècles tantôt ont passé là, sur ce sommet élevé de la chaîne des Vosges, depuis le jour où une pieuse et noble vierge de l'Alsace en fit une demeure sainte et consacrée au Seigneur.

Odile, tel était le nom de l'enfant de bénédiction qui illustra cette montagne, mérita de l'amour reconnaissant des hommes que le lieu où brilla sa vertu devînt un célèbre pèlerinage et fût appelé de son nom *Montagne de Sainte-Odile*.

C'est là qu'à partir du septième siècle la piété de nos pères aimait à se nourrir, à l'endroit même où avait vécu sainte Odile, et se plaisait à y méditer ses vertus. Malheureusement, dans la longue suite des siècles, le mont Sainte-Odile eut tour à tour beaucoup à souffrir du ravage des temps et de la froideur des âmes. Les vieilles générations sont aujourd'hui dans la tombe, et l'auréole de gloire dont elles entouraient leur sainte patronne n'est plus, comme autrefois, belle et radieuse au vieux sommet de la montagne. Le pieux pèlerin ne montre plus le même empressement à venir poser son genou fatigué sur la dalle sainte du mont solitaire; moins souvent il va voir la bonne vierge qui à son âme veut parler; c'est que la chapelle douze fois séculaire est aujourd'hui froide et déserte, sans prêtres et sans sacrifice. L'église n'y fait plus entendre sa voix, et la voûte muette du sanctuaire ne redit plus les accents joyeux des fêtes; seul le froid écho du désert semble encore écouter la voix qui murmure une prière. Cependant les générations nouvelles n'ont pas tout perdu de l'antique ferveur des aïeux, et le pèlerinage consacré par la piété traditionnelle des âges est encore cher à tout bon fidèle qui aime à s'en aller par l'étroit sentier de la montagne, déposer aux pieds de ses saints les lourdes peines de la vie.

Le lecteur chrétien apprendra donc avec joie que l'un des plus anciens et des plus célèbres pèlerinages, l'illustre mont Sainte-Odile, va retrouver quelque chose de ses gloires passées, de ses antiques splendeurs. C'est un évènement d'une haute importance; on en jugera par la petite notice historique suivante :

Vers l'an 672, alors que la vaillante épée de Dagobert était sans force et sans gloire entre les mains débiles de ses faibles successeurs, vivait à la cour du roi des Francs un jeune et noble seigneur nommé Adalric ou Etichon, de l'illustre sang royal de Bourgogne. Devenu duc d'Alsace, Adalric établit sa résidence à Obernai, petite ville au pied de la montagne d'Altitona, à quelques lieues de Strasbourg. Or, Altitona ou Hohenbourg était un vieux fort romain qui couronnait le sommet de la montagne. Le noble duc le fit convertir en castel, et plus tard le donna à sa fille, qui l'érigea en monastère dont elle devint la première abbesse.

La première enfance d'Odile avait été douloureuse. Disgraciée dès le jour même de sa naissance, pour être venue au monde aveugle et difforme, elle vécut d'abord ignorée des hommes et maudite de son père, dans un couvent de religieuses à Baume, non loin de Besançon. C'est là que la pauvre exilée, tout entière à son Dieu, faisait l'apprentissage de toutes les vertus. Aussi le Seigneur, qui la destinait à de grandes choses, jeta sur elle des yeux d'amoureuse miséricorde et lui rendit la vue par un miracle public et solennel. Dès lors l'enfant miraculeuse ne tarda plus à être réconciliée avec son père, dont la haine profonde et cruelle fit bientôt place à l'amour le plus tendre et le plus généreux pour sa fille.

La pieuse héritière de Hohenbourg eut alors hâte de se mettre à l'œuvre sous l'œil du Père céleste, et à peine quelques années se sont écoulées que déjà des anciennes constructions du castel il ne reste plus ni traces ni vestiges. Un vaste couvent à côté d'une église richement décorée, voilà la gloire nouvelle d'Altitona, dont les reflets bénis passeront aux âges futurs.

La fille d'Adalric y reçoit aussitôt de nombreuses compagnes, qu'elle édifie par la sainteté de ses exemples et l'éclat même de ses miracles.

Longtemps elle les dirige avec zèle et intelligence, tout occupée à se sanctifier avec elles. Enfin, pleine d'années et de mérites, elle dit un dernier adieu à ses filles désolées et s'envole doucement vers une meilleure patrie. Le monastère en deuil, mais riche des bénédictions de la sainte fondatrice, continue à prospérer en paix pendant plus de trois cents ans, sans rien perdre de la primitive ferveur. Mais alors s'ouvrit l'ère des tribulations sans nombre qui jusqu'à ce jour se sont acharnées sur l'héritage de sainte Odile.

Un premier malheur arriva l'an 1045, et il en résulta la destruction totale de l'église. Peu d'années après, lorsqu'elle se relevait à peine de ses ruines, survint l'invasion des Hongrois en Alsace. Ceux-ci renversèrent de fond en comble ce qui restait du couvent, ainsi que l'église nouvelle, fraîchement rebâtie. Alors un personnage illustre et vénéré, le pape Léon IX, natif d'Eguisheim et parent de sainte Odile, fit, à ses frais, reconstruire l'église, et la consacra lui-même lors de son passage en Alsace.

Peu à peu un grand relâchement vint s'introduire à la Hohenbourg, qui tous les jours voyait considérablement décroître le nombre des enfants de sainte Odile. Mais, grâce aux soins de l'empereur Frédéric-Barberousse, l'ancienne régularité ne tarda pas à être rétablie ; et même une ferveur toute nouvelle allait s'emparer des âmes, quand tout à coup, en 1199, tous les bâtiments du monastère devinrent encore la proie des flammes. Le même accident se renouvela en 1243 et en 1301 ; trois fois par conséquent, dans le court espace d'un siècle, on vit disparaître les restes précieux du patrimoine de sainte Odile. Cependant la mesure des maux n'était pas encore comblée. En 1474, le cruel fléau de la guerre vient s'ajouter à tous les anciens malheurs, le monastère est pillé et pour la sixième fois réduit en cendres. Toutefois les bonnes religieuses, à l'exemple de leurs devancières, sont fortes et patientes. A chaque épreuve que le Ciel leur envoie, elles savent ployer sous l'orage, et, le calme revenu, vont retrouver avec amour les ruines éparses de leur demeure détruite, comme la colombe fugitive qui se plaît à revenir au toit chéri où naguère était abrité son duvet.

Ce ne fut qu'en 1546, après qu'un embrasement général eut tout consumé, que les religieuses abandonnèrent aux horreurs du désert le lieu saint qu'un long voile de deuil allait dérober à la pieuse vénération des fidèles. Mais Dieu ne permit point que le sol béni où avait prié sainte Odile restât longtemps semblable à une terre commune et profane. Jean de Manderscheids, évêque de Strasbourg, craignant que les biens restant de l'abbaye ne tombassent entre les mains des novateurs, obtint du Saint-Siége qu'ils fussent réunis à la mense épiscopale, en échange d'une pension payée annuellement aux religieuses. C'est ainsi qu'une aurore nouvelle vint poindre à l'horizon, et faire rentrer l'espérance dans les âmes. En 1605, le monastère fut rebâti par les soins du cardinal Charles de Lorraine, évêque de Strasbourg; mais bientôt les troupes luthériennes du comte de Mansfeld vinrent tout ruiner, et les soixantes années de guerres presque continuelles qui suivirent permettaient à peine à la Hohenbourg de guérir ses plaies. Enfin, au moment où revenaient les douces joies de la paix, l'église et le couvent furent encore une fois dévorés par le feu; seules les deux anciennes chapelles furent épargnées, comme pour servir de point d'intersection entre le passé du mont Sainte-Odile et son pesant avenir encore caché sous l'horizon.

A présent nous touchons aux temps modernes. L'église actuellement existante au sommet vénéré de la vieille montagne remonte à l'année 1684; c'est l'œuvre du produit d'une riche collecte, l'œuvre de nos pères. Elle est belle et solide; huit fortes colonnes toscanes servent d'appuis à ses trois voûtes. A côté du chœur se trouvent les deux anciennes chapelles de la Croix et de Sainte-Odile ; puis, tout auprès et attenant à l'église, s'élève l'ancienne demeure des religieuses, régulièrement bâtie et bien distribuée. Jusqu'à l'époque de la grande révolution on y vécut pieusement et en paix; mais quand l'assemblée nationale eut décrété la suppression des vœux monastiques, les conventuelles en furent expulsées de force, et la soi-disant nation, faisant main basse sur le saint asile et le sanctuaire, les vendit comme bien national.

A partir de ces temps de douleur et de honte, les destinées du rocher solitaire de Sainte-Odile sont tristes et navrantes. Voilà soixante ans bien accomplis que le pieux monument a le sort vulgaire d'appartenir au plus offrant, depuis qu'il est devenu la proie légale de je ne sais combien de propriétaires, souvent, hélas! afin de servir de champ d'exploitation à la prudence humaine, au grand scandale du monde et au détriment de la religion.

Il est donc vrai qu'il sera beau le jour où le mont Sainte-Odile retournera à ses anciens maîtres, à ses premiers possesseurs, à la religion. L'évènement réjouira tout cœur chrétien, et notamment le cœur de tout Alsacien, si justement fier de son illustre patronne. Eh bien! ce jour heureux n'est pas loin, nous le disons avec bonheur : déjà le pieux édifice consacré par les siècles est de nouveau acquis à l'Eglise, et va être rendu à la piété des fidèles, grâce à la franche et noble initiative de quelques zélés catholiques, dont Dieu sait les noms et que la longue mémoire des hommes bénira.

Naguères dans la ville de Colmar a germé la pensée pieuse et sainte d'une œuvre agréable à Dieu, utile à la religion et glorieuse à la patrie :

c'est la pensée de mettre enfin un terme aux longues vicissitudes du mont Sainte-Odile, en le faisant rentrer sous la houlette pastorale de Mgr l'évêque de Strasbourg, comme propriété de son diocèse. Mais comment s'y prendre pour une acquisition aussi importante? comment surmonter les difficultés pécuniaires? Qui fournira les fonds? Autant de questions graves et sérieuses. Cependant qui ne sait combien l'âme confiante en Dieu est ingénieuse et prompte à franchir tous les obstacles? Bientôt la solution du grand problème non seulement paraît aisée et facile : mais, chose étonnante! ce qui de prime abord semblait faire le nœud d'une difficulté est à présent de nature à être convoité comme la participation à un privilége. En effet la pensée pieuse et confiante prend corps ; un comité se constitue, délibère, décide, et fait les démarches nécessaires pour l'acquisition du mont Sainte-Odile, qu'il achète quarante mille francs.

La première partie de la tâche est accomplie. Le reste se fera par le concours obligeant et charitable des âmes chrétiennes, à qui sera fait un appel pour la contribution minime de deux sous par tête. Le comité, levant le doigt vers le mont Sainte-Odile, leur dira : — Voyez là-haut ces vieilles pierres noircies par le temps : vos pères les ont fait poser les unes sur les autres, afin qu'elles forment une demeure sainte, consacrée au Seigneur et dédiée à votre sainte patronne. Un jour le Ciel a voulu nous châtier, l'ouvrage de nos pères nous fut alors ravi et passa en des mains profanes. Mais voici le retour d'un temps meilleur, on vient vous offrir le tombeau de la sainte que votre cœur chérit; sous peu vous pourrez y entendre de nouveau les saints cantiques de la religion, et pour prix de cet inestimable bien vous ne donnerez que dix centimes.

Certes, cette voix sera entendue, et avec bonheur on s'associera à cette œuvre de restauration religieuse et de filial dévoûment. Alors le pieux pèlerin retournera avec joie auprès de la bonne vierge de la montagne, afin de se mêler aux magnifiques concerts de louanges dont les accents prolongés retentiront dans le ciel.

P. P. S.

LA ROCHE DE SAINTE-ODILE

On lit dans les *Traditions populaires du Rhin*, publiées à Heidelberg, par M. le conseiller aulique Schreiber et quelques autres, que, lorsque le duc Adalric voulut contraindre sainte Odile à prendre un époux, la jeune vierge, pensant à son vœu et ne sachant d'autre refuge que la fuite, se dépouilla de ses riches vêtements, prit un habit misérable, et arriva aux bords du Rhin sans être reconnue. — C'est ce qu'on a lu dans son histoire. — Une nacelle la passa heureusement à l'autre rivage.

Sa fuite ayant été découverte, le duc envoya partout ses gens à sa recherche, monta lui-même à cheval, et prit par hasard le même chemin qu'Odile.

Le batelier qui avait passé la sainte la dépeignait si bien à son père, qu'il se réjouit d'avoir trouvé sa trace, se fit passer avec toute sa suite, et s'élança sur les pas de sa fille.

Odile était déjà arrivée à mi-côte de la montagne, qui en cet endroit domine le Rhin. Fatiguée d'une route si peu accoutumée, elle s'assied sur une roche, lève les yeux au ciel, et joint ses mains pour prier. Un moment après, elle entend du bruit, et voit venir à elle une troupe de cavaliers parmi lesquels elle reconnaît son père. Effrayée, tremblante, éperdue, elle étend les mains vers le ciel, d'où elle attend sa délivrance. La roche s'ouvre aussitôt; la sainte y entre, et l'ouverture se referme.

Alors elle entend le trot des chevaux, et la voix de son père, qui l'appelle par son nom.

— Mon père! répond Odile.

Et Adalric est surpris d'entendre la voix de sa fille sortir d'une roche solide et dure.

— Odile! crie-t-il encore.

Et il est saisi d'un frissonnement en entendant pour la seconde fois la voix de sa fille percer le rocher, et lui dire :

— Vous persécutez celui qui me protége.

Elle lui rappelle son vœu. Il comprend la volonté de Dieu; il jure de s'y soumettre, de respecter l'auguste engagement de sa fille, et de lui bâtir un couvent à Hohenbourg

La roche se rouvre aussitôt; Odile reparait, et se jette dans les bras de son père, qui tint sa parole.

Jusqu'à ce jour la roche est restée ouverte; et dans la grotte qui avait protégé Odile coule une source qui guérit les maladies des yeux. — On y va en pèlerinage.

FIN

TABLE DES MATIÈRES

TABLE DES MATIÈRES

Chapitre premier.	1
Chapitre II	15
Chapitre III.	23
Chapitre IV	35
Chapitre V	47
Chapitre VI	55
Chapitre VII	65
Chapitre VIII	77
Chapitre IX	87
Chapitre X	99
Chapitre XI	115
Chapitre XII	128
Chapitre XIII	137
Chapitre XIV	149
Appendice	157

ADDITION DES ÉDITEURS

Le Mont Sainte-Odile	193
La Roche de Sainte-Odile . , ...	207

CATALOGUE

DE LA

SOCIÉTÉ DE SAINT-VICTOR

CATALOGUE

DE LA

SOCIÉTÉ DE SAINT-VICTOR

MAGASIN CATHOLIQUE ILLUSTRÉ

PAR UNE RÉUNION DE LITTÉRATEURS ET D'ARTISTES

Cette publication, accueillie par les plus honorables suffrages, continue sa marche en avançant chaque jour dans la voie du progrès véritable. Connaissances utiles, études sérieuses, redressements historiques, légendes intimes et récits piquants, articles curieux, lectures amusantes, toutes les matières, présentées sous des formes attrayantes, ont place dans le MAGASIN CATHOLIQUE ILLUSTRÉ, qui veut être varié et satisfaire à tous les goûts, en poursuivant sa voie, et en évitant de son mieux l'ennui et la pesanteur.

Que ses lecteurs veuillent donc apporter à le soutenir autant de bonne volonté qu'il en met à leur plaire, et que tous les esprits sains lui donnent leur concours !

LE MAGASIN CATHOLIQUE paraît en 12 livraisons, grand in-8° jésus.

Une livraison par mois. — Chaque livraison de 80 colonnes (40 pages). — Environ 300 gravures dans l'année.

Le tout formant à la fin de l'année un splendide volume-album.

Prix : Pour l'année courante, par la poste, port affranchi, 7 francs.

LE MAGASIN CATHOLIQUE ILLUSTRÉ, pour l'année 1850, avec 300 gravures. In-8° grand raisin, pris aux bureaux de la Société ou chez ses correspondants, 5 20
    Par la poste, 7 »

LE MAGASIN CATHOLIQUE ILLUSTRÉ, pour l'année 1851, avec 300 gravures. In-8° grand raisin. Mêmes prix.

LE MAGASIN CATHOLIQUE ILLUSTRÉ, pour l'année 1852, avec 300 gravures. In-8° jésus. Mêmes prix.

Chaque année, demi-reliure, 1 franc de plus.

Les ouvrages reliés ne s'envoient point par la poste

BIBLIOTHÈQUE DES PAROISSES

DES PENSIONNATS ET DES FAMILLES

Cette grande collection, annoncée depuis longtemps, est enfin organisée. Elle paraîtra, de deux en deux mois, et plus rapidement, s'il se peut, par livraisons de 5 vol. in-12 ou in-18 jésus, approuvés, ornés de gravures, cartonnés solidement. Chaque livraison se paie 6 fr. sans remises.

La première livraison, qui sera émise le 1er mars 1853, se compose des cinq ouvrages suivants :

LES DÉCEPTIONS D'UN RÉPUBLICAIN
PAR M. BORDOT

LA DERNIÈRE VESTALE
Episode du IVe siècle
PAR M. BRASSEUR DE BOURBOURG

HISTOIRE DU PAPE INNOCENT III
PAR M. L'ABBÉ JORRY

LÉGENDES INTIMES
PAR Mlle MATHILDE TARWELD

QUELQUES SCÈNES DU MOYEN-AGE
PAR M. J. COLLIN DE PLANCY

BIBLIOTHÈQUE D'ÉMULATION

Les deux Robinsons, traduit de l'anglais par le baron de Nilinse.
L'Esprit de Prière, par S. S. le pape Pie VI.
Imitation de l'Enfant Jésus.
Le Livre de la Communion.
Histoire de l'Homme au Masque de Fer, par L. Letourneur.
Histoire d'un petit duc de Brabant, par J. Collin de Plancy.
Légende de St Gond, par M. l'abbé Darras.
Légende de saint Eustache, par M. l'abbé Hauvion.
Légende de sainte Geneviève, par M. l'abbé Beaussire.
Légende de saint Julien le Bon Hospitalier.
Les Vertus de la sainte Vierge, par Saint Alphonse de Liguori.
Vie de sainte Enimie, par M. l'abbé Pascal.
Vie de saint Fiacre, par M. l'abbé Parenty, chanoine d'Arras.
Vie de sainte Savine, précédée d'une notice sur saint Savinien, par M. l'abbé Pignard.
La Vie et la Mort d'Hubert Gilet, etc.

25 vol. in-32, ensemble . . . . 3 fr. 75 c.

BIBLIOTHÈQUE A UN SOU

L'Athée et le Capucin.
Légende de saint Alexis.
Légende de saint Bruno.
Histoire d'un Capucin.

Maximes de la Vie spirituelle.
Les 15 Oraisons de sainte Brigitte.
Le petit office de la Conception-Immaculée, etc., etc.

Seize vol. petit in-16, ensemble. . . . . 80 c.

BIBLIOTHÈQUE D'ENCOURAGEMENT

La Légende de saint Nicolas.
La Légende de sainte Catherine.
La Légende de sainte Barbe.
Histoire de Jeanne d'Arc.
Le Géant de Liége, ou la Manie des Géants.
Alexis Grimou, ou l'École des Artistes.
Le Perroquet du Marchand de Cuirs.
Histoire de Ponce-Pilate.
Le Lit de Justice de Guillaume-le-Bon.
L'Horoscope du vieux Juge, ou l'Astrologue de Louvain.
La Vie de saint Paul, le premier ermite, par saint Jérome.
La Vie de saint Désiré.
La Chair salée de Troyes, et les Similitudes de Forgeot de Plancy.
Le grand Cadran de Malines.
Histoire du pape Grégoire VII.
La vie du B. Nicolas de Flue, ermite en Suisse.
Le Droit d'Asile, récits du temps passé.
Le Clerc du Prévôt de Paris, ou le voleur contraint de l'être.
Jésus enfant, par Fénelon

Comment Lalande mangeait des araignées.
Silvain Mareschal.
Le colonel Touquet, ou l'esprit de spéculation.
Histoire des Saints-Simoniens et de leur chef.
Histoire de l'Église française et de son primat.
La vie de saint Vincent de Paul.
La vie de S. Alphonse de Liguori.
La vie de sainte Godelive.
Jeanne Maillotte, l'héroïne lilloise.
Le docteur Bertin, ou l'homme peureux.
La Rade de Nieuport, ou les paris curieux.
La Vie de saint François de Sales, évêque de Genève.
Les Amitiés bonnes et vraies, et les Amitiés vaines ou frivoles, par saint François de Sales.
La Douceur et la Patience, par le même.
La fréquente Communion, suivie de prières pour bien communier, par le même.
Histoire de l'empereur Julien dit l'Apostat.

Le Livre de Communion, par le même.
Le Cimetière de Saint-Médard.
Le Garçon de Noces, ou l'Ecole des Farceurs.
Le Marquis de Condorcet.
Les Aventures de Pigault-Lebrun.
Le Chevalier de Parny.
Dulaure, ou l'Antiquaire.
Comment Chassebœuf fit son chemin.
Maximes éternelles, Méditations pour tous les jours de la semaine, par saint Alphonse de Liguori.
La vie de saint Joseph.
La vie de sainte Angèle de Mérici.
Légende de sainte Aléna.
Le Château de Gaesbeck.
La Comédienne, Mémoires de mademoiselle Gauthier
Chansons d'un homme rentré dans le ton.

Prix des cinquante volumes. . . . . 5 fr.

ALEXIS BOUTTEAUX

Notice sur un jeune étudiant mort à Paris en 1850

In-32. . . . . »   15

LES ANABAPTISTES

Histoire du Luthéranisme et de l'Anabaptisme à Munster, sous le règne de Jean Bockelsohn

PAR M. LE VICOMTE DE BUSSIERRE

In-8°, un fort vol. avec fig. 5   »

Cet ouvrage, qui renferme quelques-uns des épisodes les plus intéressants de l'histoire de la réforme en Allemagne, est une suite de celle de la *Guerre des Paysans*, publiée par le même auteur. Le drame saisissant de Jean de Leyde est tracé de main de maître; les tableaux les plus émouvants s'y succèdent sans interruption : en lisant les barbaries, les délires, les orgies de ce roi des anabaptistes, son élévation si étrange, son couronnement, ses succès, ses revers, son supplice, d'ailleurs si mérité, on pourrait se croire transporté dans une des cours despotiques de l'Orient, si l'on ne savait à quelles folies se sont abandonnés les prétendus réformateurs de la Religion.

UNE ANTIPATHIE
Ou en toutes choses il faut considérer la fin
Drame pour les jeunes filles.
In-16.. » 15

ARRAS ET SES MONUMENTS
SOMMAIRE CHRONOLOGIQUE, DESCRIPTION ET LÉGENDES
In-4º, 60 colonnes, 33 gravures.................... » 50

UNE AVENTURE DE CHARLEMAGNE
Fabliau du treizième siècle traduit du vieux flamand
In-18, fig.. » 30

LES AVENTURES DE TYL L'ESPIÈGLE
colligées par J. LOYSEAU
avec plus de 40 gravures, de Paul Lauters, de Richter de Dresde, et d'autres artistes.
In-18 anglais.. 1 50

Tout le monde a entendu parler de ce petit livre, œuvre naïve des légendaires d'autrefois. L'auteur en a expurgé tout ce qui aurait pu blesser la Religion ou les mœurs, et en a fait un ouvrage amusant et que chacun peut mettre entre les mains des enfants.

BÉATRIX DE CLÈVES, LÉGENDE DE CHEVALERIE
PAR M. G. DE BUXEUIL
In-4º, 32 col., 11 grav................................ » 20

LES BELLES PAROLES DES SAINTS
Recueil publié par M. BLAMPIGNON, *curé de Plancy*
In-32 jésus.. » 50

LES BIENS DE L'ÉGLISE
Comment on met la main dessus, et ce qui s'ensuit
PAR LE BARON DE NILINSE
In-32 raisin... » 30

LE BON SENS DU CURÉ MESLIER (le véritable)
suivi de son testament

In-16, fig. .... » 60

CACOGRAPHIE NOUVELLE
avec le corrigé, à l'usage des maisons d'éducation
PAR M. L'ABBÉ CHARPENTIER

In-12; prix des 2 vol. 1 50

CANTIQUE UNIVERSEL
traduit de l'italien du P. Segneri, avec la musique

In-18. .... » 15

CANTIQUES DU MOIS DE MARIE
disposés pour tous les jours du mois

Grand in-32. .... » 15

LA CASERNE ET LE PRESBYTÈRE
PAR M. LE COMTE ANATOLE DE SÉGUR

In-16, 3ᵉ édition. .... » 60

Cet ouvrage fait le pendant au *Dimanche du Soldat*, par le même auteur, et qui s'est vendu à quarante mille exemplaires. C'est la meilleure recommandation qui se puisse donner de celui qui se trouve aujourd'hui dans notre catalogue. Son titre suffit pour en faire connaître l'objet : l'auteur, par les récits les plus attachants, écrits avec un style animé et brillant, fait voir combien les devoirs de l'Église sont compatibles avec l'état militaire, et que les meilleurs soldats, les plus véritablement attachés à la patrie, furent aussi toujours les plus religieux.

CATÉCHISME DE CONTROVERSE
PAR LE P. SCHEFFMACHER

In-18, grand raisin .... » 80

CATÉCHISME SUR L'ÉGLISE
PAR M. L'ABBÉ GROUSSET, VICAIRE-GÉNÉRAL DE MENDE

In-18. .... » 20

CATHOLICISME ET PROTESTANTISME
PAR M. FOISSET

In-8º, 2ᵐᵉ édition........................... 2 50

Fort d'esprit et de raison, de sel et de logique, ce bel ouvrage établit nettement que le protestantisme a détruit ou mutilé, mais qu'il n'a rien fait ni pour la liberté ni pour l'humanité.

CHANTS A MARIE
Musique de MM. THIESSON, CUELLAR *et* JOBRY

suivis des

CANTIQUES DE MAI

In-8º jésus, avec deux grandes miniatures or et couleurs.. 1 50

CHARLES-MARTEL, HISTOIRE DES MAIRES DU PALAIS
PAR LE BARON DE NILINSE

In-18............................ » 40

LA CHASSE AUX PRÊTRES
Profils de ceux qui la font, et ce qu'ils en retirent
PAR LE BARON DE NILINSE

Grand in-32........................... » 30

LE CHEMIN DE LA CROIX
Exercices variés pour faciliter cette dévotion, etc.
PAR M. L'ABBÉ PINART, chanoine honoraire de Beauvais

In-32 jésus, 3ᵐᵉ édition, avec 16 gravures........... » 60

Ce livre contient trois manières excellentes de faire le Chemin de la Croix, et plusieurs instructions et méditations sur la passion de Notre-Seigneur.

CHEMIN DE LA CROIX
Édition populaire avec les stations gravées

In-32 jésus............................ » 10

LE CHEMIN DE LA PERFECTION
Aphorismes et règles sommaires pour les âmes dévouées
PAR LE P. EUSÈBE DE NIEREMBERG

Grand in-32........................... » 20

LA CHRONIQUE DE GODEFROID DE BOUILLON

ET DU ROYAUME DE JÉRUSALEM

1re et 2me *Croisades*, etc.

Suivie de l'HISTOIRE DE CHARLES-LE-BON, comte de Flandre,

PAR J. COLLIN DE PLANCY

In-8°, 3me édition, 6 grav............................ 3 »

UN CŒUR CHRÉTIEN

Esquisse des qualités et des vertus que Dieu requiert et demande, etc.

PAR LE P. MATHIEU MARTIN

In-8°, avec magnifique gravure de L.-J. Hallez....... 3 »

Ce bel ouvrage, riche de toutes les fleurs de saint François de Sales, supérieur à Montaigne comme style, est d'une lecture plus entraînante qu'aucun autre livre du seizième siècle.

CONFORMITÉ DE LA FOI CATHOLIQUE AVEC L'ÉGLISE PRIMITIVE

PAR S. G. Mgr DONEY, ÉVÊQUE DE MAUTAUBAN

In-18.. » 50

Jamais en si peu de pages on n'a ruiné si complétement les attaques de la réforme et des philosophes contre l'Église Romaine.

UNE CONVERSION EXTRAORDINAIRE

obtenue aux États-Unis par la récitation d'un Memorare

In-32 jésus.. » 05

LES DÉCEPTIONS D'UN RÉPUBLICAIN

AVENTURES RÉCENTES

suivies de :

QUI VIVE?

ANECDOTE DES GUERRES DE L'EMPIRE, PAR M. BORDOT

In-12, 8 portraits..................................... 1 50

LES DÉLASSEMENTS DE LA SOIRÉE

Drames sacrés de Métastase, traduits de l'italien et accompagnés de notices

PAR M. L'ABBÉ PINART, chanoine honoraire de Beauvais

In-18 anglais 1 50

LA DERNIÈRE VESTALE OU LE SÉRAPÉON

Épisode du quatrième siècle

PAR M. BRASSEUR DE BOURBOURG

In-18 anglais, seconde édition, fig. 1 50

Ce livre, bien écrit, dit le texte de l'approbation donnée par Mgr PARISIS, évêque d'Arras, ne renferme rien de contraire à la morale chrétienne. Il présente un récit dramatique et saisissant des derniers efforts du paganisme expirant. Il en montre les prestiges et le caractère théatral; il peint fort bien, en même temps, la supériorité du Christianisme, qui, plus simple dans ses formes, initiait les hommes à une morale et à une doctrine plus sublimes.

DÉVOTION A LA SAINTE FAMILLE

PAR M. L'ABBÉ CHARBONNEL

Grand in-18. . . . . » 20

DICTIONNAIRE INFERNAL

Ou répertoire universel des êtres, des personnages, des livres, des faits et des choses qui tiennent aux sciences occultes, à la magie, aux sorciers, aux démons, aux grimoires, au commerce de l'enfer, aux apparitions, aux divinations, à la cabale et aux esprits élémentaires, à l'alchimie et au grand œuvre, aux pronostics, aux prodiges et aux impostures, aux arts des bohémiens, aux erreurs et aux préjugés, aux superstitions, et généralement à toutes les fausses croyances, merveilleuses, surprenantes, mystérieuses ou surnaturelles.

PAR J. COLLIN DE PLANCY

Un beau et fort volume, sur deux colonnes, 582 pages, nouvelle édition. In-8° raisin. 7 50

Le titre seul de ce livre suffit pour le recommander aux curieux ; et de nombreuses éditions, rapidement épuisées, sont la meilleure preuve de l'accueil empressé que n'a cessé de lui faire le public.

DICTIONNAIRE UNIVERSEL

DES HÉRÉSIES, DES ERREURS ET DES SCHISMES

PAR M. L'ABBÉ TH. GUYOT

In-8°, sur 2 col. . . . . 3 »

Beaucoup plus complet, plus précis, plus romain, que les ouvrages de ce genre qui l'ont précédé, ce dictionnaire que M. l'abbé Guyot a rédigé avec tant de soin contient au moins les égarements de l'esprit humain qui font du bruit, de nos jours.

DIEU EST L'AMOUR LE PLUS PUR

Choix de prières approuvées

In-16, avec gravures en bistre, 2° édition. . . . . » 60

DISCOURS SUR L'HISTOIRE UNIVERSELLE

PAR BOSSUET

Nouvelle édition, augmentée de notes nécessaires

In-8°, avec un beau portrait. . . . . 3 »

Des notes, devenues indispensables, rétablissent dans cette édition des faits sur lesquels Bossuet a manqué de matériaux. Les dates ont été collationnées avec un soin extrême.

DOCUMENTS NOUVEAUX SUR L'APPARITION DE LA SALETTE

ET SES SUITES

PAR M. L'ABBÉ LEMEUNIER

Auteur du Pèlerinage à Notre-Dame de la Salette

1 vol. in-32 jésus, avec la gravure de l'église. . . . . » 60

LES DOUZE CONVIVES DU CHANOINE DE TOURS

Légendes variées

PAR J. COLLIN DE PLANCY

In-8°, beau volume, avec 2 miniatures or et couleurs. . . . 4 »

ESSAI HISTORIQUE SUR L'IMMACULÉE CONCEPTION

PAR M. L'ABBÉ E. DARAS

In-18, fig. . . . . » 40

Dans l'approbation accordée à ce bel et gracieux ouvrage,

Mgr l'évêque d'Arras remarque qu'il est propre à donner aux simples fidèles qui le liront une idée exacte de cette grave et importante question, « et que sa lecture fournira aux personnes
» plus instruites de nouveaux motifs de s'affermir dans cette
» pieuse croyance, que l'Eglise peut convertir d'un moment
» à l'autre en dogme de foi. »

ESSAIS DE MONTAIGNE

Édition épurée, imprimée en orthographe régulière, avec une notice

PAR M. L'ABBÉ MUSARD

In-8º.................................... 3 »

Dégagé de ses immondicités, de son paganisme, de son scepticisme, et de ses répétitions, Montaigne est ci un livre plein de charme.

EXAMEN & DISCUSSION AMICALE DE CETTE QUESTION

Les ministres de la réforme peuvent-ils, en conscience, promettre l'espérance certaine du salut par Jésus-Christ aux peuples de leur communion

PAR S. G. Mgr DONEY, ÉVÊQUE DE MONTAUBAN

In-8º.................................... 4 »

LES EXEMPLES DE LA SAINTE VIERGE

PUBLIÉ PAR VICTOR DE NÉRI

In-32 jésus, avec 12 grav.................. » 30

Ce délicieux petit livre peut offrir, dans ses quatre-vingt-dix chapitres, un excellent mois de Marie : au moins la très sainte Vierge y est toujours.

EXPLICATION DES CÉRÉMONIES DE LA MESSE

PAR LE P. LEBRUN

In-32 jésus, 256 pag., avec les 36 fig. de la messe...... » 40

C'est ici un livre qu'on ne saura jamais assez répandre.

LES FABLIAUX DU MOYEN-AGE

Parmi lesquels se lisent *les Aventures de Tyl l'Espiègle, Grisélidis, le Roman du Renard*, etc.

COLLIGÉS PAR J. LOYSEAU

In-16, orné de 6 gravures 1 50

FLEURS DE JANVIER

Le mois de l'Enfant Jésus; légendes, élévations et prières, pour tous les jours du mois.

In-32 grand raisin, miniature en or et en couleurs. . . . . . » 50

FLEURS DE FÉVRIER

Le mois du Cœur immaculé de Marie; légendes, élévations, etc.

In-32 raisin, miniature, etc. . . . . » 50

FLEURS DE MARS

Le mois de saint Joseph; légendes, élévations, etc.

In-32 raisin, miniature. . . . . » 50

FLEURS D'AVRIL

Le mois du Sacré-Cœur de Jésus; légendes, élévations, etc.

In-32 raisin, miniature. . . . . » 50

FLEURS DE MAI

Le mois de Marie; légendes, élévations, etc.

In-32 raisin, miniature . . . . » 60

FLEURS DE JUIN

Le mois du Saint-Esprit; légendes, élévations, etc.

In-32 raisin, miniature. . . . . » 50

FLEURS DE JUILLET

Le mois du Saint-Sacrement; légendes, élévations, etc.

In-32 raisin, miniature. . . . . » 60

FLEURS D'AOUT

Le mois de la Providence; légendes, élévations, etc.

In-32 raisin, miniature...................... » 60

FLEURS DE SEPTEMBRE

Le mois de la sainte Croix; légendes, etc.

In-32 raisin, miniature...................... » 50

FLEURS D'OCTOBRE

Le mois des saints Anges; légendes, élévations, etc.

In-32 raisin, miniature...................... » 50

FLEURS DE NOVEMBRE

Le mois de la sainte Église; légendes, etc.

In-32 raisin, miniature................... (sous presse)

FLEURS DE DÉCEMBRE

Le mois de Noel; légendes, élévations, etc.

In-32 raisin, miniature................... (sous presse)

Les douze volumes ensemble................ 6 »

Ces douze gracieux volumes, très pleins, offrent une lecture variée, pour tous les jours de l'année : méditations, légendes, prières, élévations, litanies, récits pieux, instructions, petits offices. C'est, à peu de frais, un aliment spirituel pour chaque jour.

LA FRANCE ET L'ÉGLISE

Aperçus historiques sur la mission catholique de la France

PAR M. L'ABBÉ DRET

In-16, 2e édition, augmentée................ » 50

LE GRILLON DU FOYER & LA VOIX DES CLOCHES

PAR CH. DYCKENS

Contes de Noel, traduits de l'anglais, ornés de 6 planches.

In-16....................................... 1 50

LE GUIDE DES AMES SPIRITUELLES

ou les caractères de la vraie dévotion

PAR LE P. GROU

Grand in-32........................... » 30

HEURES PAROISSIALES SELON LE RITE ROMAIN

avec les chants notés

Grand in-18 de près de 700 pages, avec une miniature or et couleurs........................... 1 50

Le même, relié........................... 2 »

On lit dans l'approbation donnée à ce volume par S. G. Mgr l'évêque de Strasbourg : « Nous croyons que ce livre sera très utile aux fidèles, sous le double rapport des excellentes prières qu'il renferme et de la facilité qu'ils y trouveront d'accompagner le chant de l'Église. »

HEURES ROMAINES LATINES ET FRANÇAISES

A l'usage des fidèles qui suivent le rit romain, contenant l'office complet de tous les dimanches de l'année et de toutes les fêtes.

Grand in-18, 2 volumes, de 1800 p. environ; brochés.... 4 »

Reliés en basane........................... 6 »

Dorés sur tranche........................... 8 »

HISTOIRE CHRÉTIENNE DE LA CALIFORNIE

PAR Mme LA COMTESSE DE ***

In-12, fig........................... 1 25

HISTOIRE DE LA BONNE ARMELLE

PAR P. COLLET

Dédié aux bonnes servantes

In-32 jésus, avec une gravure........................... » 20

HISTOIRE D'ÉLISABETH REINE D'ANGLETERRE

PAR Mme MATHILDE TARWELD

In-12, 9 gravures........................... 1 25

La vérité enfin exacte n'est pas le seul avantage de ce livre, écrit avec chaleur et entrainement.

HISTOIRE DE SAINT REMI

Pour servir à l'étude des origines de la monarchie française

PAR M. A. AUBERT

In-18, fig.................................... » 60

HISTOIRE DE SAINTE RADEGONDE

et de la cour de Neustrie sous Clotaire Ier et Chilpéric

PAR M. LE VICOMTE DE BUSSIERRE

In-8°, avec figure........................... 2 50

C'est le tableau réel et coloré des mœurs mérovingiennes. Là, sainte Radegonde a pour contraste Frédégonde et sa maison.

HISTOIRE DE SAINT VINCENT DE PAUL & DE SON ÉPOQUE

PAR LE MÊME

In-8°, 2 beaux volumes avec figure............. 5 »

L'auteur illustre de ce beau livre a ici groupé une multitude de faits et d'aperçus qui ont échappé aux autres biographes de saint Vincent de Paul.

HISTOIRE DE LA GUERRE DES PAYSANS

PAR LE MÊME

In-8°, avec carte et portraits, 2 volumes........... 6 »

On voit avec terreur dans ce livre consciencieux la peinture formidable des excès que nous eussions subis, si le socialisme n'eût pas été comprimé par une main puissante.

« Dans cet ouvrage, dit un critique, la révolution du seizième siècle est exposée comme point de départ, comme cause principale des dangers et des maux qui pèsent aujourd'hui sur la société. — Tôt ou tard, dit l'auteur, les peuples arrivent aux conséquences dernières des principes qu'on leur fait admettre. »

HISTOIRE DE SAINTE ODILE

patronne de l'Alsace

PAR LE MÊME

In-18 anglais, avec douze gravures............. 1 50

HISTOIRE DU CANADA, DE SON ÉGLISE & DE SES MISSIONS

écrite sur des documents inédits, compulsés aux archives de la ville et de l'archevêché de Québec

PAR M. L'ABBÉ BRASSEUR DE BOURBOURG

Vicaire-général de Boston, ancien professeur d'Histoire ecclésiastique au séminaire de Québec, membre de l'Académie de la Religion Catholique, à Rome.

In-8°, 2 volumes. . . . . 6 »

Voici l'approbation accordée à ce livre par S. G. Mgr l'évêque d'Arras.

« L'histoire du Canada, par M. l'abbé Brasseur de Bourbourg, intéressera tous les hommes qui sont sensibles à la gloire de la Religion et à l'honneur de la France.

» Le récit des travaux apostoliques des zélés missionnaires qui ont prêché la foi dans ces contrées sauvages au péril de leur vie, le courage et la sagesse des premiers gouverneurs envoyés pour fonder cette colonie lointaine au nom de la France, les vicissitudes que ces provinces, devenues chrétiennes et françaises, ont eues à subir, tout cela présente un tableau du plus haut intérêt.

» L'historien a eu à sa disposition des documents précieux dont aucun écrivain avant lui n'avait pu prendre connaissance; cet avantage donne à ses récits un caractère de vérité qui est le premier et le principal intérêt de l'histoire. »

HISTOIRE DU PATRIMOINE DE SAINT-PIERRE

depuis les temps apostoliques jusqu'à nos jours

PAR LE MÊME

In-8°, avec un portrait de S. S. Pie IX . . . . 3 »

Ce beau livre, qui offre un tableau animé de l'histoire des droits temporels de l'Eglise Romaine, remplit une lacune importante dans les archives catholiques. Avec les récits si riches de faits et les laborieuses recherches de M. l'abbé Brasseur de Bourbourg, nous connaissons les titres inattaquables du Saint-Siége, et nous pouvons défendre contre toutes les insidieuses suppositions des ennemis de Rome les droits de notre père commun. — Un sujet si grand, une question si capitale, un fait si important, établi avec autant de conscience que de talent, dans une lecture toujours entraînante, assure au nouvel ouvrage du spirituel et savant auteur de l'*Histoire du Canada* un succès universel.

HISTOIRE DU PAPE ALEXANDRE VI
PAR M. L'ABBÉ JORRY

Grand in-18, avec portrait................. » 80

HISTOIRE DU PAPE BONIFACE VIII
PAR LE MÊME

Grand in-18, avec portrait................. » 80

HISTOIRE DU PAPE GRÉGOIRE VII
PAR LE MÊME

Grand in-18, avec portrait................. » 80

HISTOIRE DU PAPE INNOCENT III
PAR LE MÊME

In-12, avec portrait..................... 1 50

IMAGERIE

Le Sacré-Cœur, par L.-J. Hallez. Planche lithographiée. In-folio carré blanc........................ 1 »
   Sur Chine.............................. 1 50
L'Enfant Jésus à la croix, par le même, in-4° blanc... » 60
   Sur Chine.............................. 1 »
Les deux Solitaires, par le même, in-4° blanc........ » 60
   Sur Chine.............................. 1 »
Le Concert des Anges, miniature or et couleurs, grand in-8°, d'après un ancien vitrail, par M. Gaussen........ » 60
Le Couronnement de la sainte Vierge, idem, par le même. » 60
Saint Fiacre, gravure de Colin de Reims. In-8°...... » 30
Douze miniatures chromo, or et couleurs, d'après d'anciens vitraux, par M. Gaussen, auteur du portefeuille archéologique............................ 3 »

Ces douze miniatures sont : — La Conception-Immaculée. — La Nativité de Notre-Seigneur. — L'Adoration des Mages. — L'Annonciation. — La Cène. — Jésus en croix. — La Résurrection. — L'Ascension. — La Descente du Saint-Esprit. — Le Saint-Sacrement. — L'Assomption. — La Toussaint.

Douze petites gravures, or et couleurs. — L'Enfant Jésus. — Le très saint Cœur de Marie. — Saint Joseph. — Le Sacré-Cœur de Jésus. — Le Couronnement de la sainte Vierge. — La Pentecôte. — L'Adoration du très saint Sacrement. — La Trinité. — L'Exaltation de la sainte Croix. — L'Ange Gardien. — Les Saints dans le Ciel. — Noel. . 1 20

Planches représentant : l'Enfant Jésus. — La Vierge immaculée. — Jésus sur la croix. — Jésus appelant à lui les petits enfants. — La Mater Dolorosa, etc. Dessins de Tony Johannot. — Avec prières. — La Planche de dix. . . . . » 10

On prépare une série de gravures avec prières, qui se vendront, le cent. . . . . » 50

IMITATION DE L'ENFANT JÉSUS

Avec les Prières, la Messe, les Vêpres

In-32, cartonnage riche. . . . . » 50

INSTRUCTION PASTORALE SUR LE POUVOIR

A l'occasion du rétablissement de l'Empire

PAR MONSEIGNEUR ANTOINE DE SALINIS, ÉVÊQUE D'AMIENS

In-32 jésus. . . . . » 30

INTRODUCTION A LA VIE DÉVOTE

PAR SAINT FRANÇOIS DE SALES

Orthographe régulière

In-8°. 2 50

JACQUEMIN LE FRANC-MAÇON

Légendes des sociétés secrètes

PAR JEAN DE SEPTCHÊNES

Ancien timbalier de S. M. le roi de Prusse

In-16, 3me édition, ornée de 6 gravures. 1 50

LES JÉSUITES

Entretiens des vivants et des morts à la frontière des deux Mondes,

PAR J. COLLIN DE PLANCY

4e édition

In-18 anglais, avec dix gravures. 1 50

LES JÉSUITES DE NAPLES

Lettre sur l'expulsion des Jésuites de Naples en mars 1848

PAR LE R. WILLIAM PARCEVAL WARD

Traduite de l'anglais par L. STEPHEN DUBUISSON, de la Compagnie de Jésus.

In-18 anglais.................................... » 50

LE KHALIFE DE BAGDAD OU L'EXILÉE

SCÈNES DE LA VIE ORIENTALE AU IX° SIÈCLE

PAR M. BRASSEUR DE BOURBOURG

In-18 anglais.................................... 1 80

LÉGENDE DU BLASPHÈME

PAR LE BARON DE NILINSE

In-4°, 9 gravures.................................... » 20

LÉGENDE DU DIMANCHE

PAR LE MÊME

In-4°, 8 gravures.................................... » 20

LÉGENDE DE NOTRE-DAME

Histoire de la sainte Vierge, d'après les monuments et les écrits du moyen-âge

PAR M. L'ABBÉ DARRAS

In-18 jésus, 2ᵐᵉ édit., fort vol. orné de 18 pl. hors du texte. 3 »

Cette édition, considérablement augmentée, renferme tous les récits naïfs que l'Orient dans sa pieuse exaltation et l'Occident ont recueillis sur la très sainte Vierge. Rien de plus gracieux, de plus aimable, et de plus doux à la piété, que ce bouquet offert à la Reine du ciel.

LÉGENDE DE SAINT JEAN-BAPTISTE

PAR M. L'ABBÉ GAUTHIER

In-18, fig..................................... » 60

LÉGENDE DE SAINTE JULE
Vierge et martyre à Troyes

Grand in-32.. » 20

LÉGENDE DE SAINT LUCIEN
Apôtre du Beauvaisis

PAR M. L'ABBÉ F. MAILLARD

Chanoine honoraire de Beauvais

In-18, tiré à petit nombre..................... » 30

LÉGENDE DE SAINTE MARIE-MADELEINE
avec l'histoire de son culte

PAR L'ABBÉ BRAUSSIRE

Grand in-18, gravure............................ » 75

LA LÉGENDE DORÉE DES PRÊTRES ET DES MOINES
dévoilant leurs ruses et leurs finesses

PAR JACQUES LOYSEAU

In-18 Charpentier, 2ᵉ édition................ 1 25

LÉGENDES DE LA SAINTE VIERGE

PAR J. COLLIN DE PLANCY

In-8°, beau vol. avec deux miniatures or et couleurs... 4 »

LÉGENDES DE L'HISTOIRE DE FRANCE

PAR LE MÊME

In-8°, beau vol. avec deux miniatures or et couleurs... 4 »

LÉGENDES DES ORIGINES

PAR LE MÊME

In-8°, beau vol. avec deux miniatures or et couleurs... 4 »

LÉGENDES DU JUIF-ERRANT

PAR LE MÊME

In-8°, beau vol. avec deux miniatures or et couleurs. . . .   4   »

Cette suite de légendes, à laquelle se rattachent celles des *Douze Convives du Chanoine de Tours*, a fait à l'auteur une juste réputation. On ne saurait présenter avec plus de charme les faits historiques sur lesquels elles sont fondées, et que déjà un grand nombre de lecteurs ont été à même d'apprécier.

LÉGENDES DES PHILOSOPHES

PAR LE NEVEU DE MON ONCLE

In-16, 3ᵉ édition.   1   »

Ces légendes sont : Les Aventures de Pigault-Lebrun ; — Comment Lalande mangeait des araignées ; — Sylvain Mareschal ; — Le Marquis de Condorcet ; — Historique des Saints-Simoniens ; — Le chevalier de Parny ; — Comment Chassebœuf fit sa voie ; — Dulaure ou l'Antiquaire ; — Le colonel Touquet ; — Historique de l'Église française et son primat, etc.

LÉGENDES INTIMES

PAR Mᵐᵉ MATHILDE TARWELD

In-18 anglais, 7 gravures   1   50

Sybille d'Anjou. — Un Mariage en 1793. — Tante Christine, histoire d'une conscience. — Julia Wogan, histoire de nos jours. — Le Testament. — Comment fut fondée l'Abbaye d'Anchin. — Notre-Dame-de-la-Merci. — Une Haine de Famille. — Manfride de Sorrèze, ou l'Expiation. — Ce que peut souffrir une mère. — La princesse Borghèse. — Le Chevalier aux Brebis. — Les Chrétiens du Liban

Rien de plus suave que ces légendes, de plus dramatiques que ces récits, où l'auteur, avec une plume aussi élégante qu'énergique, raconte les émotions intimes, non telles que nous les montrent les tristes romans du jour ; mais avec cette vérité saisissante que donne à la plume de Mᵐᵉ Mathilde Tarweld le sentiment du cœur humain compris sous le point de vue de la morale et de la Religion.

LIVRE-ALBUM DES FAMILLES

Contenant la *Légende du Dimanche*, la *Physiologie du Ca-*

baret, la *Légende du Blasphème*, la *Physiologie du Socialisme*, *Béatrix de Clèves*, les *Malices de Gribouille*

In-4°, 120 gravures.................................... 1 80

LIVRE D'OFFICES ET DE PRIÈRES
A l'usage des yeux fatigués

In-12, avec beaucoup de gravures, broché............ 1 50

Relié... 2 "

LE LIVRE D'OR DU SACERDOCE
Traité ascétique du saint Sacrifice de la Messe
Traduit du cardinal BONA, PAR M. L'ABBÉ PASCAL

In-18... " 80

LES MALICES DE GRIBOUILLE
PAR UN DE SES PETITS-NEVEUX

In-4°, 2 livraisons, 64 colonnes, 45 gravures........ " 40

MANDEMENTS
DE Mgr BRULLEY DE LA BRUNIÈRE
Évêque de Mende

In-8° jésus, avec un beau portrait................... 5 "

MANFRED L'EXCOMMUNIÉ
PAR LOUIS LETOURNEUR
Suivi de quelques redressements historiques

In-16... " 50

MANUEL
à l'usage des élèves des Écoles Primaires rurales

In-32 jésus, 20 vignettes............................ " 20

MÉDITATIONS SUR LA VIE DE N.-S. JÉSUS-CHRIST

PAR SAINT BONAVENTURE

traduites par M. LEMAIRE-ESMANGARD

In-12, fort vol. avec figures............................ 2 »

« Nous félicitons le traducteur d'avoir reproduit avec exactitude, et dans un style clair et facile, l'un des nombreux écrits qui ont mérité à saint Bonaventure le surnom de *Docteur Séraphique*. Nous recommandons l'usage de ce livre aux personnes pieuses. Elles y trouveront, sous des formes variées, souvent gracieuses et quelquefois naïves, des considérations remarquables par leur solidité et leur onction. »

Ainsi s'exprime S. G. Mgr l'évêque de Beauvais dans l'approbation donnée à ce livre.

MÉDITATIONS TOUTES FAITES

à l'usage des personnes qui entrent dans les voies de l'oraison

PUBLIÉ PAR VICTOR DE NÉRI

In-32 jésus, figure............................. » 50

LES MÈRES RÉCONCILIÉES PAR LEURS ENFANTS

Drame pour les jeunes filles

In-32 jésus................................. » 15

LE MODÈLE DES SOLDATS

Vie de Philibert dit Lafeuillade

In-32 grand raisin............................ » 15

LE MOIS DE MARIE

Par M. L'ABBÉ PINART, *chanoine honoraire de Beauvais.*

In-32 jésus, 3ᵉ édition, revue et augmentée, gravures.... » 60

MOTIFS

Qui ont ramené à l'Église Catholique un grand nombre de protestants

PAR M. L'ABBÉ ROHRBACHER.

In-18 grand raisin, 3ᵉ édition, revue et augmentée....... 1 80

MULIER BONUS

Alphabet de la malice des femmes, répertoire d'anecdotes, de traits et de témoignages sur les ruses, caprices, etc.

In-16.. 1 »

Ce livre est l'antidote amusant d'un ouvrage grossier que les mauvais esprits recherchent.

NÉCESSITÉ DES MISSIONS

Lettre à un évêque

PAR SAINT ALPHONSE DE LIGUORI

In-18.. » 15

NEUVAINE AU SACRÉ-CŒUR DE JÉSUS

Emblèmes, prières, pratiques pieuses pour chacun de: neuf jours qui précèdent la fête du Sacré-Cœur

PAR L.-J. HALLEZ

Magnifique recueil de vingt belles gravures sur acier, avec texte explicatif

Grand in-8° jésus, glacé.................... 5 »

S. Em. Mgr le cardinal Giraud, archevêque de Cambrai, a donné à ce beau livre l'approbation suivante :

« La dévotion au Sacré-Cœur de Jésus étant très avantageuse à la sanctification des âmes, tout ce qui peut contribuer à faciliter la pratique de cette dévotion doit être accueilli avec faveur. Nous avons donc à féliciter le pieux artiste qui a conçu et exécuté l'heureuse pensée de présenter, sous divers emblèmes, une neuvaine au divin Cœur, et d'aider ainsi à inspirer aux fidèles des sentiments de confiance, de reconnaissance et d'amour envers Notre-Seigneur Jésus-Christ. »

NOTICE

Sur la vie et les vertus de l'humble servante de Dieu Anna-Maria Taigi

PAR Mgr J.-F.-O. LUQUET, ÉVÊQUE D'HÉSEBON

Grand in-18.................................... » 80

Cette lecture offre un modèle parfait aux épouses et aux mères de famille. Anna-Maria Taigi, femme d'un simple domestique romain, est morte récemment à Rome en odeur de sainteté. Elle fut en communication avec plusieurs princes de l'Église et l'objet de leur admiration.

S. Em. Mgr le cardinal de la Tour-d'Auvergne a écrit la lettre suivante à celui des directeurs de la Société qui s'occupe des publications :

« Monsieur,

» Je m'empresse de vous remercier de l'édition que vous avez faite de Dona-Maria Taigi, que je vous avais communiquée, et qui m'était envoyée par Mgr l'évêque d'Hésebon lui-même.

» J'ai lu avec avidité, Monsieur, avec une profonde admiration et avec un religieux respect, la vie de Dona Anna-Maria Taigi.

» Je ne puis rendre l'impression de bonheur qui me dominait pendant toute cette lecture ; mon cœur semblait se renouveler, mon âme se fortifier, au spectacle de ces vertus si simples, si douces et cependant si extraordinaires. Cette lecture me procurera, je l'espère, une bonne mort.

» Quel livre en effet que cette vie ! On y trouve motifs de réforme, encouragement et attrait puissant pour aimer Dieu et n'aimer que lui ; je le compare pour son utilité au *Pensez-y-bien*.

» Pardon de mes réflexions ; mais je suis heureux que vous ayez édité cette vie, et j'ai voulu vous le dire.

» Agréez, etc. »

NOTICE
sur la vie de deux serviteurs de Dieu, Pierre Godot et Louis Fournerot, prêtres du diocèse de Troyes

PAR M. L'ABBÉ AUGER

In-18, tiré à petit nombre. . . . . » 75

NOUVELLES FLEURS DE LA VIE DES SAINTS
pour tous les jours de l'année. Publié sous la direction
DE M. L'ABBÉ BLION

In-8°, 2 volumes. . . . . 6 »

ŒUVRES CHOISIES DE GESSNER
La Mort d'Abel, le Déluge, Idylles, etc., avec une notice
PAR M. AUBERT

In-16, fig. 1 50

OPÉRATIONS DE DIEU DANS UNE AME GÉNÉREUSE
Lettres d'une religieuse à son directeur

In-12, fig. . . . . 1 »

Extrait de l'approbation accordée par S. G. Mgr l'archevêque de Sens :

« Après avoir fait examiner le manuscrit intitulé « *Opérations de Dieu dans une âme généreuse,* » vu le rapport à nous fait en conséquence de cet examen, nous croyons pouvoir attester que cet ouvrage ne contient aucune erreur contre la foi; qu'on y trouve les fondements d'une solide spiritualité, et une exposition complète des divers degrés de la vie intérieure. »

LES PARABOLES DU P. BONAVENTURE GIRAUDEAU

In-12, beau volume illustré de 44 gravures. 1 50

PAULINE OU LA JEUNE AVEUGLE
PAR M. L'ABBÉ HUNCKLER

In-32 jésus, figures. » 30

PÈLERINAGE A LA SALETTE EN SEPTEMBRE 1848
PAR M. L'ABBÉ LE MEUNIER

In-18, 8ᵉ édition, gravure. . . . . » 30

LE PÈLERINAGE DE CHRISTIAN
TRADUIT DE L'ANGLAIS DE JOHN BUNYAN
ET LE PASTEUR DE LA NUIT DE NOEL
TRADUIT DE L'ESPAGNOL DE PALAFOX

In-16, avec 16 gravures. . . . . 1 »

LA PETITE GLANEUSE
DRAME ARRANGÉ PAR Mᵐᵉ MATHILDE TARWELD
Pour les pensionnats de jeunes filles

In-32 jésus. . . . . » 15

LE PETIT JARDIN
Ou leçons d'une mère à son fils
suivi de
LA PIÈCE D'OR
Et d'autres contes pour la jeunesse

Par M. L'ABBÉ PINART, chanoine honoraire de Beauvais.

In-16. . . . . » 60

PETITS TRAITÉS SUR LA RELIGION

PAR LE R. P. MILLET DE LA COMPAGNIE DE JÉSUS

1er Traité. — *Nécessité d'une Religion révélée*
In-18 raisin, 1 volume.................... » 60

2e Traité — *Vérité du Christianisme et Divinité de son Auteur*
In-18 raisin, 1 volume.................... 1 »

3e traité — *Autorité divine de l'Église*
In-18 raisin, 1 volume.................... » 60

1er traité. Il n'y a qu'une religion révélée qui puisse transmettre à l'homme toutes les vérités et tous les secours dont il a besoin, comme être intelligent, moral, social

2e traité. Il n'y a que le Christianisme qui porte les caractères évidents d'une révélation divine, puisque la divinité de son auteur repose sur des faits et des témoignages irrécusables.

3e traité. Dans le Christianisme, il n'y a que l'Église Catholique qui soit l'expression fidèle et complète de la révélation divine. Donc c'est à l'Église Catholique seule que l'homme doit s'adresser pour connaître son origine, ses devoirs, sa fin dernière, et les moyens qui peuvent l'y conduire.

Chaque traité fait un volume à part, et se vend séparément.
Les trois traités, brochés ensemble en un fort vol. .... 2 »

PHYSIOLOGIE DU CABARET

In-4° de 32 colonnes, 11 gravures................. » 20

PHYSIOLOGIE DU SOCIALISME

In-4°, 64 colonnes, 33 gravures, 2 livraisons........ » 40

PRIÈRES POUR LES ENFANTS

PAR M. L'ABBÉ TRIDON

In-16 jésus, avec 16 min. en or et en coul., cart. élégant. . 1 80

LE PRINCE MALGRÉ LUI

Épisodes révolutionnaires du quatorzième siècle

PAR NATHANAEL LENOIR

In-18, avec figure...................... 0 40

PSAUTIER DE LA SAINTE VIERGE

TRADUIT DU LATIN DE SAINT BONAVENTURE

In-16, figure.. 0 50

LES QUATRAINS DE PIERRE MATHIEU

Tablettes de la Vie et de la Mort

In-32 raisin.. 0 20

QUELQUES SCÈNES DU MOYEN-AGE

PAR J. COLLIN DE PLANCY

In-18 anglais, fig..................................... 1 50

RÉCITS DU TEMPS PASSÉ

PAR LE BARON DE NILINSE ET QUELQUES AUTRES

In-16... » 75

UN REGARD SUR LE PROTESTANTISME

PAR M. L'ABBÉ SÉNÉ, CURÉ D'IS-SUR-TILLE

In-8º.. 1 »

RESTAURATION DU CHANT LITURGIQUE

Ou ce qui est à faire pour arriver à posséder le meilleur chant romain possible

PAR M. L'ABBÉ N. CLOET, CURÉ D'ANNAY

In-8º.. 4 »

Lettre de S. G. Mgr l'évêque d'Arras à l'auteur.

« Monsieur le curé,

« J'ai lu votre ouvrage tout entier. Je l'ai trouvé méthodi-
» que, sage, profond, exact, révélant partout une connais-
» sance vraie de la matière, propre à jeter beaucoup de jour
» sur la question. Enfin, c'est un ouvrage bien fait; et no-
» tre siècle en produit très peu qui méritent ce court éloge. »

LE SAINT-PÈRE

Considérations sur la mission et les mérites de la Papauté

PAR M. LE COMTE THÉODORE SCHÉRER

In-18 raisin, avec un portrait de Pie IX. 1 25

« Nous sommes heureux, dit Mgr Parisis, évêque d'Arras, de pouvoir donner notre approbation au livre intitulé : *Le Saint-Père*, par le comte Théodore Schérer, qu'a soumis à notre examen la Société de Saint-Victor. Les considérations élevées que renferme cet ouvrage rappellent les vues si profondes et si justes du comte de Maistre. La lecture de ce travail sera utile pour fortifier les Catholiques dans l'amour et le dévoûment envers les pontifes romains, dont M. le comte Schérer apprécie et justifie parfaitement la haute et providentielle mission. »

LE SALUT DE LA FRANCE

demandé par l'intercession de Notre-Dame d'Espérance,

Grand in-32. . . . . » 75

LA SEMAINE DU CHRÉTIEN

sanctifiée par la prière et la méditation

PAR M. L'ABBÉ L. CHARPENTIER

In-18 de plus de 600 pages. . . . . 1 »

SOIRÉES CHRÉTIENNES OU THÉOLOGIE DU PEUPLE

PAR M. L'ABBÉ GRIDEL

In-12, 4 vol. 6

SOMMAIRE

de ce que tout chrétien doit savoir, croire et pratiquer

In 32 jésus, figure. . . . . » 05

SOUVENIR DE RETRAITE

Feuillet in-18, avec une petite gravure. Le cent. . . . . 1 »

SWINTON & GORDON

Ou l'oubli des injures, scènes dramatiques, librement traduites de Walter-Scott

PAR Mᵐᵉ MATHILDE TARWELD

In-32 jésus. . . . . » 1

TRAITÉ COMPLET DES INDULGENCES & DU JUBILÉ
avec des pratiques et des prières
PAR M. L'ABBÉ D. PINART

In-12, 3ᵉ édition, fort volume............................. 2 »

TRÉSOR DE LA CHANSON

Choix de chansons joyeuses, romances, ballades, rondes, chansons de table, chansons politiques, philosophiques, singulières ou bizarres

PUBLIÉ PAR JOANNES VIDEBIMUS

In-16, 3ᵉ édition.................................. » 75

LES TRIBULATIONS DE ROBILLARD

Ou les honnêtes gens comme il y en a trop

PAR JACQUES DE L'ENCLOS

In-18, fig....................................... » 40

LA VIE DE SAINTE ADÉLAÏDE

tirée de S. Odilon

In-16.. » 50

LA VIE DE SAINT ÉLOI

Évêque de Noyon et de Tournai

PAR SAINT OUEN, ÉVÊQUE DE ROUEN

Traduite et annotée PAR M. L'ABBÉ PARENTY

Chanoine d'Arras

In-12, fig....................................... 1 50

LA VIE DE SAINTE JEANNE DE CHANTAL

Fondatrice de la Visitation

PAR M. DE ROUSSEL

In-18, fig....................................... » 50

LA VIE DE SAINT PRIVAT

Martyr, premier évêque du Gévaudan

PAR M. L'ABBÉ RABEYROLLE

In-18, 2ᵉ édition . . . . »   30

LA VIE DE LA SAINTE VIERGE

Ensemble la Vie de saint Joseph

avec un choix des légendes qui éclairent cette biographie sacrée

PAR J. COLLIN DE PLANCY

In-16, fig.   1   50

VIES DES SAINTS

Pour tous les jours de l'année, suivant l'ordre de l'office romain

Traduit des légendes du bréviaire et de divers suppléments approuvés

In-12, fort vol.   1   80

www.ingramcontent.com/pod-product-compliance
Lightning Source LLC
Chambersburg PA
CBHW050641170426
43200CB00008B/1108